topfit
Deutsch

Lesekompetenz 3 für die Jahrgangsstufen 9/10

Herausgegeben von Christiane von Schachtmeyer
Verfasst von Ursula Rath-Wolf

Oldenbourg

Das Papier ist aus chlorfrei gebleichtem Zellstoff hergestellt, ist säurefrei und recyclingfähig.

Bildquellenverzeichnis: Seite 71, 74 und 76: picture-alliance/dpa

1. Auflage 2009

Druck 13 12 11 10 09
Die letzte Zahl bezeichnet das Jahr des Drucks.
Alle Drucke dieser Auflage sind untereinander unverändert
und im Unterricht nebeneinander verwendbar.

Umschlagkonzept: Mendell & Oberer, München
Gestaltungskonzept, Layout und Umschlag: Erasmi & Stein, München
Lektorat: Uschi Pein-Schmidt, Sickte
Herstellung: Jakob Buxeder, München
Illustration: Margit Pawle, München
Satz: Popp Media Service, Augsburg
Reproduktion: Rehms & Brandl GmbH, München
Druck: MB-Verlagsdruckerei, Schrobenhausen

ISBN: 978-3-637-00433-7

Sehr geehrte Kollegin, sehr geehrter Kollege!

Die Reihe *topfit Deutsch* besteht aus Übungsheften zu den Bereichen „Grammatik und Zeichensetzung“, „Rechtschreiben“ sowie „Argumentieren/Erörtern“ und „Lesekompetenz“. Die Hefte sind für die Verwendung in Ihrem Unterricht konzipiert und sind **lehrwerksunabhängig** aufgebaut. Sie können als **begleitendes Zusatzmaterial** zu dem in Ihrer Schule eingeführten Lehrwerk, aber auch zur **Vorbereitung für Klassenarbeiten/ Schulaufgaben** oder für **Hausaufgaben** genutzt werden.

topfit Deutsch verfolgt die Ziele,
- Grundkompetenzen des Faches Deutsch zu festigen und zu vertiefen,
- für sogenannte Vergleichsarbeiten/zentrale Leistungsüberprüfungen zu üben,
- eigenverantwortliches Arbeiten zu trainieren,
- an Stationen und Werkstätten zu arbeiten,
- in Einzel- und Partnerarbeit zu unterrichten.

Die Hefte zur Lesekompetenz

Die Hefte *topfit Deutsch* „Lesekompetenz 1-3“ bieten Schülern und Schülerinnen die Möglichkeit, ihre Lesekompetenz durch das Trainieren verschiedener Lesestrategien (oder Lesetechniken) zu erweitern und zu vertiefen. Die Lesestrategien werden pro Heft an literarischen und an Sachtexten (auch diskontinuierliche Texte wie z. B. Tabellen, Diagramme etc.) trainiert.

Die Hefte trainieren darüber hinaus das schriftliche Zusammenfassen von Texten, z. B. die **Inhaltsangaben.**

Übungseinheiten

Der Aufbau einer Übungseinheit folgt den Schritten der Texterschließung: Orientierendes Lesen, Fragen an den Text stellen, Schlüsselwörter markieren etc.
Die Übungen selbst folgen in der Regel der **Methodik des Dreischritts:** Jeder zu trainierende Aspekt wird in der Regel dreimal geübt, wobei die erste Übung die einfachste darstellt, die letzte hingegen die anspruchsvollste. Die Übungen bauen also in ihrem Schwierigkeitsgrad aufeinander auf.

Zusammenspiel von Form und Inhalt

Die zu erschließenden Texte werden mit **größerem Zeilenabstand** und einem **Bearbeitungsrand** abgedruckt, in den Schlüsselwörter etc. eingetragen werden können. In den Texten selbst sollen Texterschließungsverfahren wie „In Abschnitte einteilen“ etc. eingetragen werden.

Gesamtübungen am Ende einer Einheit

Am Ende einer Einheit werden meistens alle trainierten Phänomene in einer Gesamtübung wiederholend vertieft und somit gesichert. Die Gesamtübungen folgen im Aufbau und in den Aufgabenformaten der Konzeption der **zentralen Lernstandstests bzw. Vergleichsarbeiten** und umfassen ca. 2-4 Seiten. Dabei werden sowohl **geschlossene Aufgabenformate** (z. B. Multiple choice) als auch **offene Aufgabenformate** (z. B. Schüler sollen die Aussage eines Textabschnitts in einem Satz zusammenfassen etc.) angeboten.

Heraustrennbarer Lösungsteil

Ein heraustrennbarer Lösungsteil dient der Überprüfung und kann zur **Selbstkontrolle** durch die Schülerinnen und Schüler herangezogen werden. Er bietet außerdem **Muster-** bzw. **Orientierungstexte** an.

Wir wünschen Ihnen einen entspannten Unterricht und guten Erfolg!
Die Herausgeberin und die Autoren von *topfit Deutsch*

Einführung

Grundlagen beherrschen
Aufgabenstellungen verstehen 5

Lesetraining

Wörter und Sätze lesen – den Sinn erfassen 13

Literarische Texte lesen und verstehen

Gedichte lesen und verstehen 16

Orientierendes Lesen
1. Schritt: Auf die äußere Form achten – Lyrik, Drama und Epik erkennen 24
2. Schritt: Informationen sammeln – W-Fragen stellen und beantworten 25

Intensives Lesen
1. Schritt: Textausschnitt in Etappen lesen und verstehen 29
2. Schritt: Einen längeren Text in Etappen lesen, verstehen, Abläufe visualisieren 32
3. Schritt: Lesen, Verstehen, Abläufe visualisieren, Textabschnitte zusammenfassen 35

Literarische Texte zusammenfassen

Vorübungen für Inhaltsangaben
1. Schritt: Sinnabschnitte einteilen – Schlüsselwörter markieren – Thema bestimmen 38
2. Schritt: W-Fragen beantworten – Handlung verstehen, im Flussdiagramm zusammenfassen 39
3. Schritt: Sinnabschnitte einteilen – Überschriften zuordnen – Mindmap vervollständigen 41

Texte zusammenfassen – ein Précis schreiben
Text mithilfe der W-Fragen strukturieren – Wichtiges im Text erkennen 43
Textteile kürzen 44
Abschnittsüberschriften bilden – Erzählschritte visualisieren – Text kürzen 45
Textinhalt zusammenfassen – Précis schreiben 47

Inhaltsangabe schreiben
1. Schritt: Text verstehen – einen Einleitungssatz formulieren 49
2. Schritt: Text verstehen – Hauptteil und Schluss erarbeiten 53
3. Schritt: Text verstehen – Inhaltsangabe schreiben 59
Inhaltsangabe von Gedichten erstellen 64

Gesamtübung I 67

Sach- und Gebrauchstexte lesen, verstehen und auswerten

Nicht lineare Sachtexte
Bilder und Texte verstehen und auswerten 71
Erweitern und vertiefen: Tabellen beschreiben und auswerten 78
Erweitern und vertiefen: Diagramme und Tabellen in Säulendiagramme umwandeln 81

Lineare Sachtexte
Texte verstehen – ein Précis schreiben 87
Inhaltsangabe schreiben 88
Vom Lesen zur Stellungnahme 92

Gesamtübung II 97

Lösungen 106

Textquellenverzeichnis 120

Aufgabenstellungen verstehen

Lernen erfolgt häufig über die Bearbeitung von Aufgaben. Dafür ist wichtig,
- die Aufgabenstellung ruhig und konzentriert durchzulesen und
- sich die einzelnen Arbeitsschritte klarzumachen.

Häufig gehen einer Aufgabenstellung ungenannte Arbeitsschritte voraus.

Verborgene Arbeitsschritte erkennen

1 Welche ungenannten Arbeitsschritte verbergen sich hinter den einzelnen Aufgabenstellungen?

Aufgabenstellung: Unterstreiche die Schlüsselwörter.

	Ja	Nein
a) Ich überfliege den Text und lese zuerst die Überschriften, um erste Informationen zu erhalten.	☐	☐
b) Ich überfliege den Text und unterstreiche die Wörter, bei denen mein Blick hängenbleibt.	☐	☐
c) Ich kläre die unbekannten Wörter, wenn ich den Eindruck habe, dass sie für den Textinhalt und die Aufgabenstellung wichtig sind.	☐	☐
d) Ich kläre alle unbekannten Wörter, indem ich im Wörterbuch nachschlage oder die Bedeutung aus dem Textzusammenhang erschließe.	☐	☐
d) Ich lese Abschnitt für Abschnitt gründlich durch.	☐	☐
e) Ich unterstreiche zentrale Begriffe, wichtige Fragen oder Zahlenangaben in jedem Abschnitt.	☐	☐

Aufgabenstellung: Finde für jeden Textabschnitt eine Überschrift.

	Ja	Nein
a) Ich lese die erste und letzte Zeile eines jeden Abschnitts und finde eine Überschrift.	☐	☐
b) Ich lese jeden Abschnitt schnell durch und fasse ihn mithilfe von zwei oder drei Wörtern aus dem Text zusammen.	☐	☐
c) Ich lese jeden Abschnitt durch und formuliere mit zwei oder drei Wörtern aus dem Abschnitt eine Aussage.	☐	☐
d) Ich überfliege den Text und lese zuerst die Überschriften, um erste Informationen zu erhalten.	☐	☐
e) Ich kläre die unbekannten Wörter, wenn ich den Eindruck habe, dass sie für den Textinhalt und die Aufgabenstellung wichtig sind.	☐	☐
f) Ich lese Abschnitt für Abschnitt gründlich durch.	☐	☐
g) Ich unterstreiche zentrale Begriffe, wichtige Fragen oder Zahlenangaben in jedem Abschnitt.	☐	☐
h) Ich fasse mithilfe der Unterstreichungen jeden Textabschnitt kurz in einem Satz, einer Frage oder einem Titel zusammen.	☐	☐

Aufgabenstellung: Gib den Text in eigenen Worten wieder.

	Ja	Nein
a) Ich überfliege den Text und lese zuerst die Überschriften, um erste Informationen zu erhalten.	☐	☐
b) Anschließend lese ich den gesamten Text durch und fasse ihn dann schriftlich zusammen.	☐	☐
c) Ich kläre die unbekannten Wörter, wenn ich den Eindruck habe, dass sie für die gesamte Textaussage wichtig sind.	☐	☐
d) Ich lese Abschnitt für Abschnitt gründlich durch.	☐	☐
e) Ich unterstreiche zentrale Begriffe, wichtige Fragen oder Zahlenangaben in jedem Abschnitt.	☐	☐
f) Ich grenze Sinnabschnitte ab.	☐	☐
g) Ich fasse jeden Sinnabschnitt mit eigenen Worten zusammen.	☐	☐
h) Ich überarbeite meinen Text unter der Fragestellung, ob das Wichtige der Textvorlage genannt ist.	☐	☐
i) Ich überarbeite meinen Text stilistisch, d. h., ich achte auf Wortwiederholungen, Satzbau und Rechtschreibung.	☐	☐
j) Zuletzt schreibe ich einen eigenen Kommentar zum Textinhalt.	☐	☐

Aufgaben und ihre Zuordnung zu Anforderungsbereichen

Die Aufgabenstellungen im Fach Deutsch orientieren sich im Allgemeinen an drei Anforderungsbereichen:
- Im ersten Anforderungsbereich werden **Fähigkeiten der Textwiedergabe** verlangt.
- Im zweiten Anforderungsbereich geht es um die **Analyse eines Textes bzw. Textinhaltes wie z. B. den gedanklichen Aufbau eines Textes**.
- Der dritte Anforderungsbereich bezieht sich auf die **durchdachte, selbstständige Auseinandersetzung und Bewertung eines Themas**.

Aufgaben des ersten Anforderungsbereichs

Die Aufgaben aus dem ersten Anforderungsbereich sind grundlegend für weiterführende Aufgaben. In dieser Mindmap sind mögliche Aufgabenstellungen und ihre Bedeutung ablesbar:

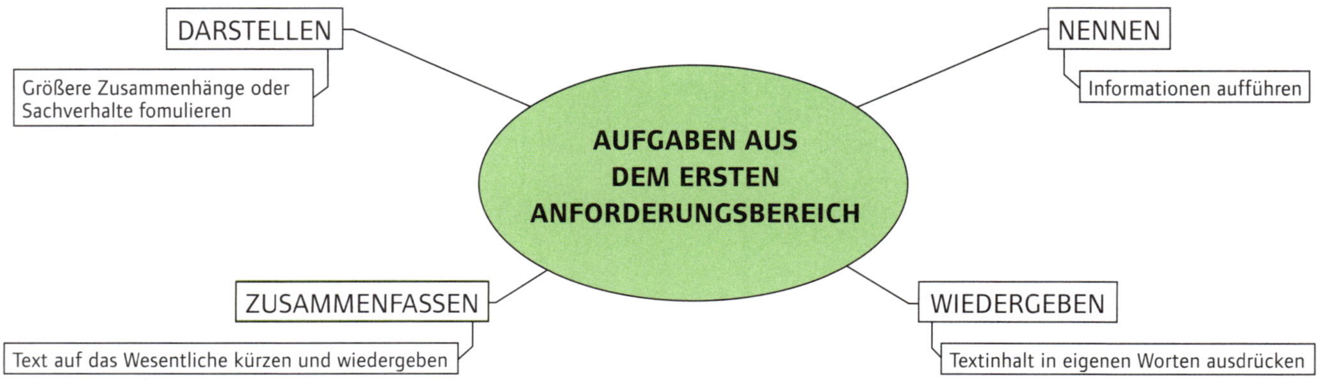

Voraussetzungen für diese Aufgabentypen sind das orientierende und intensive Lesen.
1. Das **orientierende Lesen** umfasst das
- Überfliegen des Textes,
- Sichten der Überschriften.

2. Das **intensive Lesen** beginnt mit dem
- gründlichen Lesen Zeile für Zeile,
- Klären der unbekannten Begriffe,
- Einteilen der Sinnabschnitte,
- Markieren der Schlüsselwörter.

2 Markiere in Aufgabe 1 für das orientierende und das intensive Lesen jeweils zwei Beispiele.

Text 1: Chris Johns

Chris Johns

Die Reise meiner Familie in das Land biologischer Kraftstoffe begann, als meine Frau Elizabeth und zwei ihrer Freundinnen, Rosa und Ellen, dieselgetriebene Kleinautos kauften. Sie hatten eigentlich nach Hybrid-PKW gesucht, aber da wir draußen auf dem Land leben, in einer Gegend ohne Ampeln, mit sehr wenig Verkehr, aber sehr weiten Wegen, schienen die Dieselautos bei einem Verbrauch von rund fünf Litern auf 100 Kilometer die bessere Alternative zu sein. Hinzu kam, dass sie mit schwefelarmem Diesel fahren. Der produziert deutlich weniger Abgase – und der Motor läuft auch mit Biodiesel. Wie der Name sagt, wird Biodiesel nicht aus Erdöl, sondern aus Pflanzen gewonnen. Pflanzen wachsen immer wieder nach, Biodiesel ist nicht giftig, und bei seiner Verbrennung entstehen etwa 60 Prozent weniger Treibhausgase als beim Diesel aus Erdöl. [...]

1 Die erste Zeile gibt Auskunft über den Inhalt des Textes.
Schreibe auf: Worum geht es in diesem Text?

2 Verschiedene Fachbegriffe werden genannt: Hybrid-PKW – schwefelarmer Diesel.
Kläre die dir unbekannten Begriffe im Gespräch mit deinem Nachbarn oder schlage sie nach.

3 Was spricht für den Kauf des Dieselfahrzeugs?
Nenne die im Text genannten Gründe stichpunktartig.

Aufgaben des zweiten Anforderungsbereichs

Aufgaben des zweiten Anforderungsbereichs zielen auf die Untersuchung eines Textes bezogen auf den Inhalt und die Form, die sogenannte Analyse. Die jeweiligen Arbeitsaufträge sind allgemein gefasst und können mehrere Bedeutungen haben:

Arbeitsauftrag		Bedeutung	Verkürztes Beispiel
Einen Text erschließen	bedeutet,	schriftlich Aussagen festzuhalten oder Problemstellungen herauszusuchen.	In diesem Text wird die Problematik des Samstagsunterrichts dargestellt. Für …
Etwas erklären	bedeutet,	Sachverhalte oder Textaussagen verständlich zu machen.	Durch die Verkürzung der gymnasialen Schulzeit auf acht Jahre muss der Unterrichtsstoff …
Etwas erläutern	bedeutet,	Sachverhalte, Textaussagen oder eigene Textproduktionen verständlich zu machen und mithilfe zusätzlicher Informationen zu veranschaulichen.	Unter dem Begriff G 8 verbirgt sich die Verkürzung des Gymnasiums von neun auf acht Schuljahre ohne Reduzierung der Stundenzahl.
Etwas in Beziehung setzen	bedeutet,	Sachverhalte,Textaussagen oder Problemstellungen auszuwerten und miteinander in Verbindung zu bringen.	Abitur nach 12 Schuljahren und umfassende Lehrinhalte führen zu ...
Etwas vergleichen	bedeutet,	Unterschiede, Ähnlichkeiten und Gemeinsamkeiten von Texten, Sachverhalten, Aussagen und/oder Problemstellungen nach vorgegebenen oder selbst gewählten Kriterien zu ermitteln und zu formulieren.	Ein Unterrichtstag umfasst im G 8 ca. acht Stunden, im G 9 ca. sechs Stunden.
Etwas einordnen	bedeutet,	eine Aussage, eine Problemstellung, einen Sachverhalt in einen Zusammenhang zu bringen.	Ziel der Bildungspolitik ist die Angleichung der Bildungsabschlüsse an europäische Gegebenheiten. Daher …

Text 2: Grüne Träume

Biosprit könnte gut sein für die Welt – aber nicht um jeden Preis

[…] Ersatz für Benzin und Diesel wird aus Mais, Soja oder Zuckerrohr hergestellt, in Deutschland aus Getreide und Raps. Solche Brennstoffe erschließen der Landwirtschaft neue Märkte und verringern die Abhängigkeit vom Erdöl. Sie tragen außerdem dazu bei, den CO_2-Ausstoß zu senken, denn im Gegensatz zum Kohlenstoff, der aus fossilen Brennstoffen freigesetzt wird und der die globale Erwärmung fördert, stammt das CO_2 der Biotreibstoffe aus der Atmosphäre und wurde von Pflanzen nur vorübergehend gebunden. Mit Biosprit könnten Autos im Prinzip CO_2-neutral fahren.

Das entscheidende Wort lautet „könnte“. Die Biotreibstoffe, die derzeit in den USA eingesetzt werden, sind zwar gut für Bauern und Landwirtschaftskonzerne, aber umweltschonend sind sie kaum. Mais braucht große Mengen an Pestiziden und Stickstoffdünger, sein Anbau kann mehr Bodenerosion verursachen als der jeder anderen Nutzpflanze. Die Herstellung von Ethanol (Alkohol) aus Mais verbraucht ungefähr so viel fossile Brennstoffe, wie durch Ethanol eingespart werden. Für Biodiesel aus Sojabohnen sieht die Bilanz kaum besser aus. Umweltschützer befürchten, steigende Preise für beide Nutzpflanzen könnten die Bauern veranlassen, Millionen Hektar schlechtes Ackerland umzupflügen, das derzeit brachliegt. Diese neu in die Nutzung genommenen Äcker würden dann unter Umständen noch mehr Kohlenstoff freisetzen.

1 Lies die Überschrift und deute die Aussage.

2 Kläre die Fremdwörter.
3 Lies den ersten Abschnitt und unterstreiche die positiven Aspekte der Biotreibstoffe.
4 Lies den zweiten Abschnitt gründlich durch und beantworte folgende Fragen:

a) Wer profitiert von den Biotreibstoffen?

b) Warum sind Biotreibstoffe nicht umweltfreundlich?

c) Was befürchten Umweltschützer, wie sich Bauern zukünftig verhalten könnten?

5 Vergleiche stichpunktartig die positiven Aspekte (erster Abschnitt) mit den negativen Auswirkungen (zweiter Abschnitt) des Biotreibstoffs.

Positive Aspekte des Biotreibstoffs	Negative Aspekte des Biotreibstoffs
– neue Märkte für die Landwirtschaft	– nicht umweltschonend
– Abhängigkeit vom Erdöl wird verringert	– Mais benötigt große Mengen Pestizide

6 Erkläre mithilfe des erschlossenen Textinhalts die Überschrift: Grüne Träume.

7 Vergleiche den ersten und zweiten Text miteinander und kreuze Zutreffendes an:

	Ja	Nein
Der erste Text ist oberflächlich.	☐	☐
Der erste Text verknüpft Persönliches mit Informativem.	☐	☐
Der zweite Text informiert über Positives und Negatives zu Biosprit.	☐	☐
Der zweite Text ist zu einseitig.	☐	☐
Der erste Text soll anregen, mehr zum Thema zu lesen.	☐	☐

Nicht lineare Texte

Arbeitsvorbereitende Schritte:
- Lies die Überschrift des folgenden Balkendiagramms und erkläre in eigenen Worten, worüber das Diagramm Auskunft gibt.

____

____

- Erkläre die **Abkürzungen** und **Fachbegriffe**.
  Nutze den Textzusammenhang oder verwandte Wörter.

a) Mio = ______ c) Umschlag = ______

b) t = ______ d) Binnenhafen = ______

Wichtige Binnenhäfen
Umschlag in Mio. t

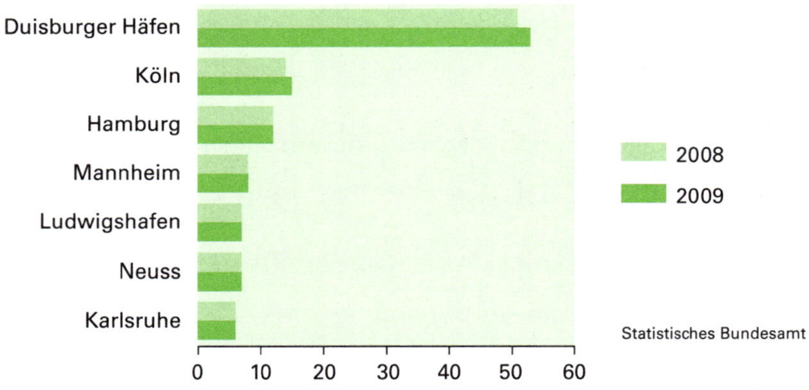

* Die Angaben für den Hamburger Hafen beziehen sich nur auf den Binnenverkehr.

1 Fasse zusammen, worüber das Diagramm Auskunft gibt.

____

____

____

____

2 Vergleiche den Güterumschlag der Jahre 2008 und 2009.

____

3 Das Wirtschaftswachstum im Jahr 2009 wurde mit 1,2 % angegeben.
Setze diese Aussage zu den Ergebnissen des Diagramms in Beziehung.

Aufgaben des dritten Anforderungsbereichs

Hier geht es um Bewertungsaufgaben, ihre unterschiedlichen Formulierungen und Anforderungen:

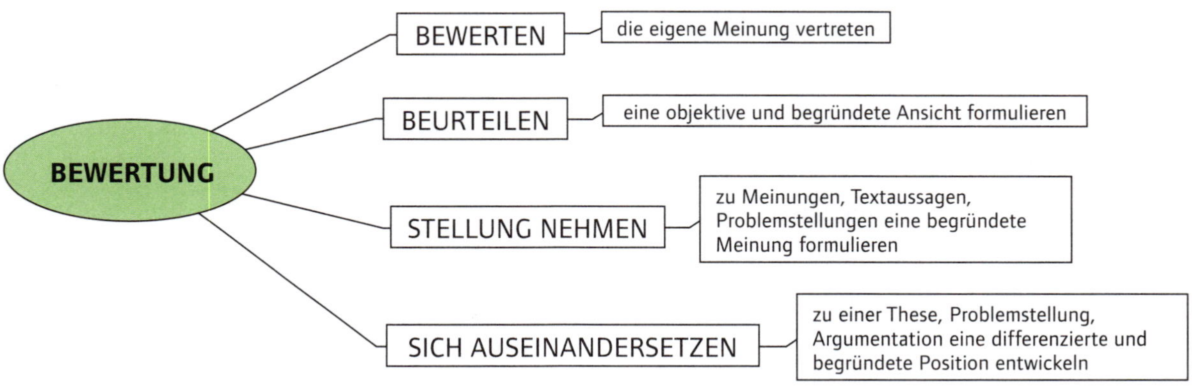

Text 3: Clown, Maurer oder Dichter

1 Gib den Inhalt des Textes von Rainer Kunze „Clown, Maurer oder Dichter" wieder.
Dazu sind folgende arbeitsvorbereitende Schritte notwendig:
- Was verrät die Überschrift über den Inhalt des Textes?
- Lies Abschnitt für Abschnitt durch und markiere das wesentliche Geschehen.
- Formuliere in eigenen Worten das Geschehen Abschnitt für Abschnitt in einem Satz.
- Schreibe mithilfe der formulierten, zusammenfassenden Sätze einen flüssigen Text.

Clown, Maurer oder Dichter

Reiner Kunze

Ich gebe zu, gesagt zu haben: Kuchenteller. Ich gebe ebenfalls zu, auf die Frage des Sohnes, ob er allen Kuchen auf den Teller legen solle, geantwortet zu haben: allen. Und ich stelle nicht in Abrede, daß der Kuchen drei Viertel der Fläche des Küchentischs einnahm.

Kann man denn aber von einem zehnjährigen Jungen nicht erwarten, daß er weiß, was gemeint ist, wenn man Kuchenteller sagt? Das Händewaschen hatte ich überwacht, und dann war ich hinausgegangen, um meine Freunde zu begrüßen, die ich zum Kartoffelkuchenessen eingeladen hatte. Frischer Kartoffelkuchen von unserem Bäcker ist eine Delikatesse.

Als ich in die Küche zurückkehrte, kniete der Sohn auf dem Tisch. Auf einem jener Kuchenteller, die nur wenig größer sind als eine Untertasse, hatte er einen Kartoffelkuchenturm errichtet, neben dem der Schiefe Turm zu Pisa senkrecht gewirkt hätte. Ich sparte nicht mit Stimme.

Ob er denn nicht sähe, daß der Teller zu klein sei. Er legte sich mit der Wange auf den Tisch, um den Teller unter diesem völlig neuen Gesichtspunkt zu betrachten. Er müsse doch sehen, daß der Kuchen nicht auf diesen Teller passe. Aber der Kuchen passe doch, entgegnete er. Das eine Blech lehnte am Tischbein, und auch das andere war fast leer.

Ich begann, mich laut zu fragen, was einmal aus einem Menschen werden solle, der einen Quadratmeter Kuchen auf eine Untertasse stapelt, ohne auch nur einen Augenblick daran zu zweifeln, daß sie groß genug sein könnte.

Da standen meine Freunde bereits in der Tür. „Was aus dem Jungen werden soll?“ fragte der erste, meine Worte aufnehmend: Er peilte den Turm an. „Der Junge offenbart ein erstaunliches Gefühl für Balance. Entweder er geht einmal zum Zirkus, oder er wird Maurer.“

Der zweite ging kopfschüttelnd um den Turm herum. „Wo hast du nur deine Augen?“ fragte er mich. Erst jetzt entdeckte ich, daß die von mir geschnittenen Kuchenstücke geviertelt waren, als wären wir zahnlose Greise. Mein Freund sah die größeren Zusammenhänge. „Siehst du denn nicht, daß in dem Jungen ein Künstler steckt?“ sagte er. Der Junge hat Mut zum Niegesehenen. Er verknüpft Dinge so miteinander, daß wir staunen. Er hat schöpferische Ausdauer. Vielleicht wird aus ihm sogar ein Dichter, wer weiß.“ [...]

(Der Text darf nicht der neuen Rechtschreibung angepasst werden.)

2 Vergleiche die Reaktionen des Vaters mit denen seiner Freunde.

Tipp Als Arbeitsvorbereitung unterstreiche die jeweiligen Redeteile in unterschiedlichen Farben.

3 Nimm Stellung zu den unterschiedlichen Sichtweisen der Erwachsenen bezogen auf das Verhalten des Jungen.

In diesem Kapitel übst du zuerst, Wichtiges von Unwichtigem zu unterscheiden, indem du Zahlenreihen überfliegst und an gekennzeichneten Stellen den Blick stoppst. Im weiteren Verlauf wirst du deinen Blick für inhaltlich unterschiedliche Wörter und Begriffe schärfen.
Diese Übungen vergrößern nicht nur deine Lesefähigkeiten, sondern bereiten dich auf Einstellungstests für Ausbildungsplätze oder weiterführende Schulen vor.

Schnell und konzentriert Buchstaben zu Begriffen zusammenfügen

1 Lies jeweils die Buchstaben, die oberhalb der Zahlen eins bis elf stehen.
Die Nullen beachtest du nicht und beginnst mit der Zahl Eins.

A	**X**	**F**	**Q**	**J**	**R**	**S**	**U**	**H**
0	0	0	0	1	0	0	2	0
M	**G**	**Q**	**E**	**N**	**O**	**T**	**V**	**D**
0	3	0	4	5	0	0	0	6
L	**W**	**I**	**K**	**C**	**Y**	**H**	**X**	**E**
7	0	8	0	9	0	10	0	11

Das Wort lautet: ______________________________

2 Lies die Buchstaben entgegengesetzt der Nummerierung.
Beginne mit dem Buchstaben oberhalb der Zahl Neun.

E	**R**	**X**	**D**	**A**	**T**	**V**	**X**	**Z**
1	0	0	2	3	0	0	0	0
I	**B**	**P**	**M**	**N**	**Q**	**U**	**Y**	**T**
4	0	5	6	0	0	0	7	0
V	**S**	**N**	**K**	**W**	**L**	**R**	**O**	**X**
0	0	0	0	0	8	0	9	0

Das Wort lautet: ______________________________.

3 Setze das Wort in der Reihenfolge eins bis siebzehn zusammen.

A	**E**	**X**	**P**	**I**	**T**	**V**	**X**	**Z**
0	1	0	0	2	5	0	0	0
E	**B**	**F**	**T**	**N**	**H**	**J**	**U**	**K**
6	0	0	16	10	0	0	9	0
G	**C**	**M**	**S**	**O**	**R**	**S**	**V**	**L**
11	0	0	12	0	0	15	0	7
S	**D**	**L**	**E**	**Q**	**N**	**S**	**W**	**T**
17	0	8	14	0	3	4	0	13

Tipp Diese Übungen kommen auch in ______________________________ für einen Ausbildungsplatz vor.

Wörter und Sätze lesen – den Sinn erfassen

Wörter und Sätze sinnvoll ergänzen und vergleichen

1 Löse das Buchstabenrätsel, indem du Buchstaben sinnvoll einfügst.

A	B			T	E			R						
S			R	E		B			S		H			
E		A		E	N	B	E		T					
	U	N		T	B			D						
G		S	C		W	I			I		K			T
S		C			R			G						
	O		U	M		N	T							
M			T			A	L			R				
	O	T		L		Ü	H	R						
	T	A		B	S		U	G						

2 Ergänze die Sätze mit dem passenden Begriff. Kreuze die Lösung an.

1. Der/Das … gehört nicht zum Wetter.
☐ Orkan ☐ Gewitter ☐ Hagel ☐ Erdbeben ☐ Nebel

2. Ein Schuh hat immer (eine) …
☐ Leder ☐ Sohle ☐ Kappe ☐ Schnalle ☐ Schnürsenkel

3. Das Gegenteil von Liebe ist …
☐ Treue ☐ Hass ☐ Verrat ☐ Feindschaft ☐ Freundschaft

4. Von folgenden Städten liegt am weitesten nördlich …
☐ Berlin ☐ Hamburg ☐ Kiel ☐ Hannover ☐ Köln

5. Die meisten Menschen leben in dem Bundesland …
☐ Bremen ☐ Bayern ☐ Sachsen ☐ Thüringen ☐ Nordrhein-Westfalen

6. Der höchste Berg in Deutschland heißt …
☐ Brocken ☐ Zugspitze ☐ Feldberg ☐ Watzmann ☐ Kreuzberg

7. Von folgenden Inseln liegt … am weitesten im Norden
☐ Rügen ☐ Juist ☐ Fehmarn ☐ Sylt ☐ Usedom

8. Von folgenden Städten liegt am weitesten im Süden …
☐ München ☐ Stuttgart ☐ Karlsruhe ☐ Nürnberg ☐ Regensburg

9. Durch Dresden und Hamburg fließt …
☐ Rhein ☐ Weser ☐ Elbe ☐ Alster ☐ Isar

Tipp Nimm den Atlas zu Hilfe, wenn du unsicher bei den geografischen Angaben bist.

Wörter und Sätze lesen – den Sinn erfassen

3 Verbinde die Sprichwörter, die einen ähnlichen Sinn haben.

1) Keine Rose ohne Dornen.
2) Man muss das Eisen schmieden, solang es heiß ist.
3) Prüfe zuerst, dann sprich und handle.
4) Das Kleid macht nicht den Mann.
5) Dem Mutigen gehört die Welt.

a) Segle, solange der Wind weht.
b) Vorgetan und nachbedacht hat manchem schon viel Leid gebracht.
c) Der Schein trügt.
d) Frisch gewagt, ist halb gewonnen.
e) Kein Lohn ohne Arbeit.

Die gemeinsamen Eigenschaften der Begriffe erkennen

1 Kreuze an, welches Wort nicht in die Reihe passt.

☐ wellig	☐ gefurcht	☐ holprig	☐ steinig	☐ eben
☐ hobeln	☐ bohren	☐ schleifen	☐ polieren	☐ bügeln
☐ Haus	☐ Iglu	☐ Villa	☐ Kaufhaus	☐ Hütte
☐ Jupiter	☐ Hermes	☐ Mars	☐ Neptun	☐ Merkur
☐ Fliege	☐ Pinguin	☐ Ente	☐ Fledermaus	☐ Star
☐ Geige	☐ Posaune	☐ Klarinette	☐ Flöte	☐ Saxofon
☐ Omnibus	☐ Straßenbahn	☐ Motorrad	☐ Fahrrad	☐ Zug

2 Kreuze an, welche geografische Angabe nicht dazu passt.
Nimm einen Atlas zu Hilfe, wenn du nicht weiterkommst.

☐ Berlin	☐ Kopenhagen	☐ Stockholm	☐ London	☐ Barcelona
☐ Liechtenstein	☐ Kongo	☐ Südafrika	☐ Ägypten	☐ Sudan
☐ München	☐ Essen	☐ Dresden	☐ Schwerin	☐ Wiesbaden
☐ Donau	☐ Po	☐ Amazonas	☐ Themse	☐ Seine
☐ Kalifornien	☐ Florida	☐ Mississippi	☐ Texas	☐ Hongkong

3 Kreuze an, welches Wort nicht dazugehört.
Nimm gegebenenfalls das Lexikon zu Hilfe.

☐ Rembrandt	☐ Picasso	☐ Shakespeare	☐ Van Gogh	☐ Da Vinci
☐ Beethoven	☐ Fledermaus	☐ Vivaldi	☐ Mozart	☐ Bach
☐ Hohlbein	☐ Brecht	☐ Heine	☐ Schiller	☐ Goethe

Gedichte lesen und verstehen

In diesem Kapitel lernst du verschiedene Liebesgedichte und ihre Vortragsmöglichkeiten kennen.

1. Schritt: Form und Inhalt erfassen

Mithilfe dieser Fragen kannst du die Form eines Gedichts bestimmen.

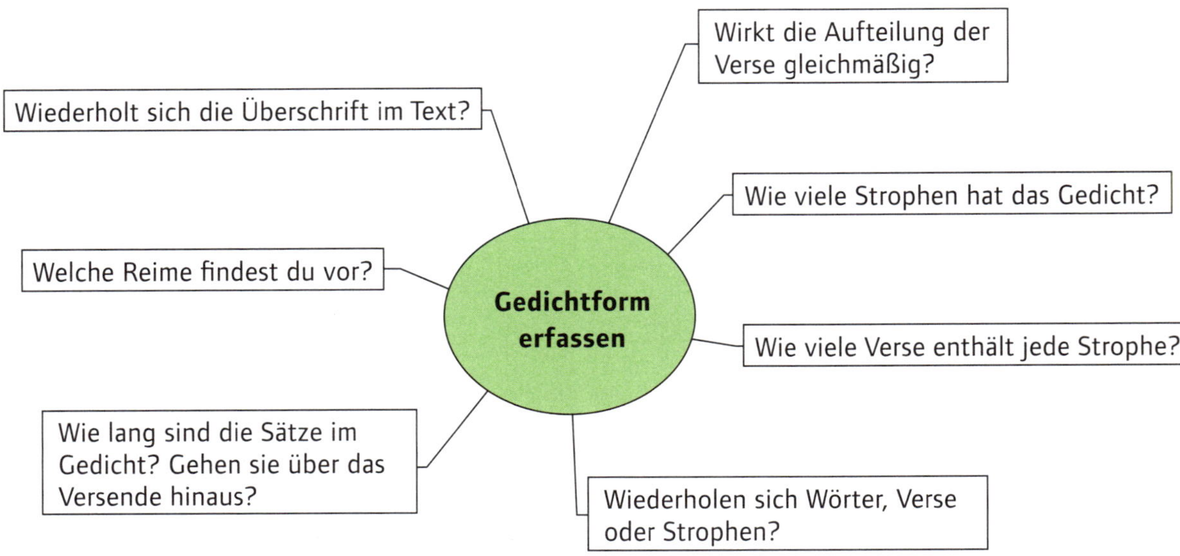

1 Überfliege das folgende Gedicht und beantworte die Fragen aus dem Cluster. Du kannst die Antworten direkt in das Cluster eintragen.

Liebesgedicht 1

Das Fräulein stand am Meere (1832)
Heinrich Heine

Das Fräulein stand am Meere
Und seufzte lang und bang,
Es rührte sie so sehre
Der Sonnenuntergang.

Mein Fräulein! sei'n Sie munter,
Das ist ein altes Stück;
Hier vorne geht sie unter
Und kehrt von hinten zurück.

Gedichte handeln oft von persönlichen Eindrücken, Gedanken und Gefühlen. Auch jeder Leser kann das Gedicht unterschiedlich verstehen. Um den Inhalt zu erschließen, sind diese allgemeinen Fragen als Werkzeuge hilfreich:

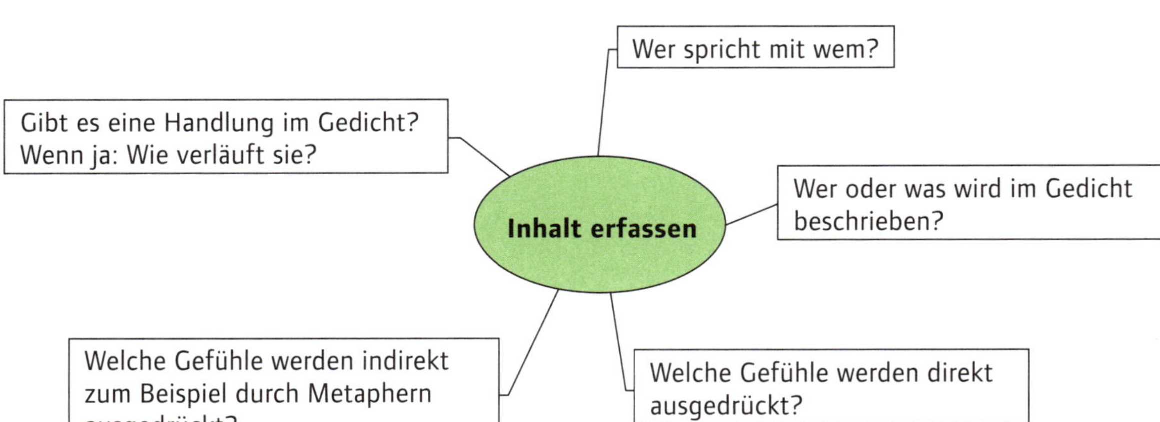

2 Lies das Gedicht mehrmals durch und beantworte die Fragen schriftlich im Cluster.

3 Es gibt Anzeichen dafür, dass der Sprecher übertreibt.
An welchen Formulierungen merkst du das?

____

4 Zu den typischen romantischen Vorstellungen gehören der Sonnenuntergang, der Blick aufs Meer und sehnsuchtsvolle Gefühle.
Welche Formulierungen verhindern, dass dieses Gedicht romantisch wirkt?

____

____

5 In diesem Gedicht gibt es mehrere Sätze.
Schreibe jeden Satz in eine Zeile und setze die wörtliche Rede in Anführungszeichen.

____

____

____

____

____

6 Vergleiche diesen Text mit dem Gedicht. Kreuze an, was zutrifft.

☐ Der Text lässt sich besser lesen.

☐ Das Reimschema ist aufgehoben.

☐ Der Klang und Rhythmus des Textes hat sich verändert.

☐ Der Text ist verständlicher.

☐ Der Text wirkt langweiliger.

☐ Der Inhalt wirkt in dieser Textform spannender.

2. Schritt: Bedeutungen klären – Aussagen auswählen – Stellung beziehen

1 Wie verstehst du das Gedicht? Welche Aussage trifft deiner Meinung nach zu?
Kreuze an (Mehrfachnennungen sind möglich) und besprich es mit deinem Sitznachbarn.

☐ Das lyrische Ich macht sich über die Dummheit des Fräuleins lustig.

☐ Das lyrische Ich missversteht die Situation. Das Fräulein ist nicht traurig über den Sonnenuntergang, sondern ausgelöst durch den Sonnenuntergang spürt es seine Gefühle.

☐ Hier wird dargestellt, dass Frauen eher „Gefühlsmenschen“ sind, während Männer die Welt sachlich und naturwissenschaftlich begreifen.

☐ Das lyrische Ich möchte der Gefühlswelt etwas Reales entgegensetzen, damit das Fräulein nicht völlig in Rührung gerät.

☐ Heine setzt der Gefühlswelt die reale Welt entgegen und verdeutlicht dadurch, dass auch die Gefühlsregungen wie der Sonnenuntergang und -aufgang wechseln.

☐ Heine ironisiert typische romantische Vorstellungen im Gedicht.

☐ Das lyrische Ich tröstet gefühlvoll das traurige Fräulein.

2 Dieses Gedicht zählt zu den Lieblingsgedichten des Literaturkritikers Marcel Reich-Ranicki. Über den Heine sagte er: „Er wäre gern ein Romantiker gewesen, war aber zu intelligent dafür." Nimm dazu Stellung und beziehe dich auf den Inhalt dieses Gedichts.

3. Schritt: Gestaltendes Lesen – Geschwindigkeit, Lautstärke, Pausen, Betonung

1 Verbinde alle Verse mit einem Rundbogen, bei denen der Satz in der nächsten Verszeile weitergeht.

Zum Beispiel:

Das Fräulein stand am Meere
Und seufzte lang und bang

Diese Verse kannst du mit kleiner Pause am Versende lesen.

2 Setze einen senkrechten Strich als Pausenzeichen ein, wenn ein Komma oder Semikolon den Satz unterbricht. Nach dem Ausrufezeichen kannst du auch einen doppelten Strich für eine längere Pause einfügen.
3 Unterstreiche nun die Wörter, die aus deiner Sicht betont werden sollten.
4 Beide Strophen haben eine unterschiedliche Bedeutungsschwere, die durch langsames und schnelleres Lesen zum Ausdruck kommen kann. Lies die erste Strophe langsam und tragend, die zweite Strophe leicht und schnell. Füge folgende Zeichen in den Text ein: → schnelles Lesen, ← langsames Lesen.
5 Bei dem Ausruf „Mein Fräulein" geht die Stimme hoch. Setze dafür dieses Zeichen ↑.
6 Lies nun mit den eingesetzten Betonungszeichen das Gedicht mehrmals halblaut, bevor du es deinem Sitznachbarn vorliest.

1. Schritt: Form und Inhalt erfassen

1 Überfliege das Liebesgedicht 2 und beantworte folgende Fragen aus dem Cluster. Du kannst die Antworten direkt in das Cluster eintragen.

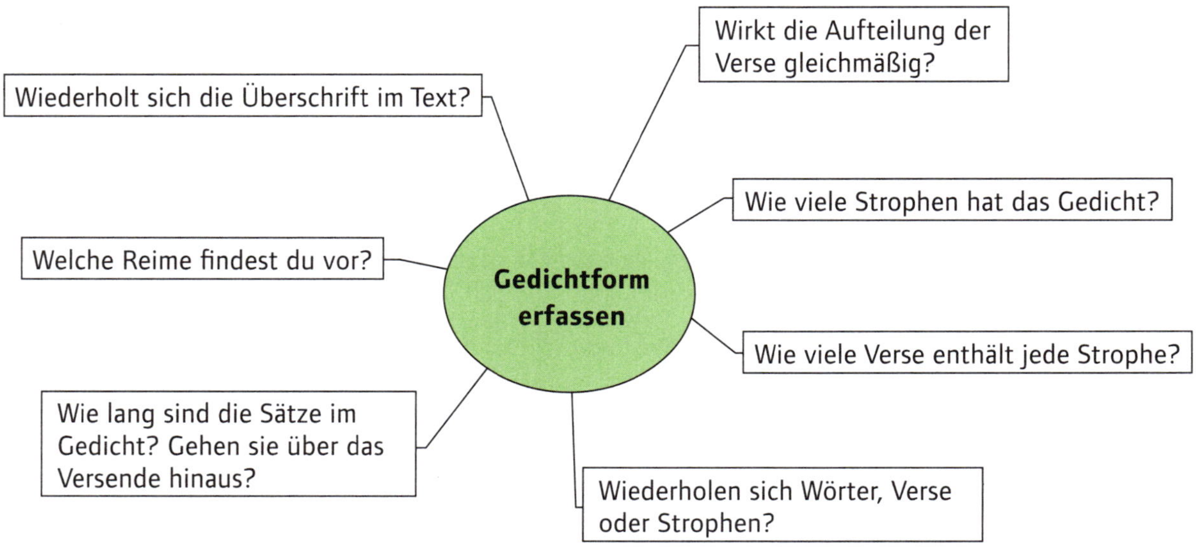

Liebesgedicht 2

Ich kann dir die Welt nicht zu Füßen legen
Heiner Müller

Ich kann dir die Welt nicht zu Füßen legen
Sie gehört mir nicht. Ich werde dir keinen Stern
Pflücken:
Ich habe kein Geld für Blumen und keine Zeit
Verse zu machen nur für dich: mein Leben
Wird so und so zu knapp sein für ein ganzes.
Wenn ich dir sage: für dich werd ich alles tun
Werde ich dir eine Lüge sagen. (Du weißt es)
Ich liebe dich mit meiner ganzen Liebe.

2 Vergleiche das erste Gedicht „Das Fräulein stand am Meere“ mit dem zweiten „Ich kann dir die Welt nicht zu Füßen legen“ in folgenden Punkten und ergänze die Tabelle.

Das Fräulein …		Ich kann dir die Welt …
	Reimschema	
	Gleichbleibender Rhythmus, das heißt gleichbleibende Silbenzahl der Verse	
	Strophen und Verse	

3 Lies das Gedicht durch, beantworte die Fragen und schreibe die Lösungen ins Cluster.

Inhalt erfassen

- Wer spricht mit wem?
- Gibt es eine Handlung im Gedicht? Wenn ja: Wie verläuft sie?
- Wer oder was wird im Gedicht beschrieben?
- Welche Gefühle werden indirekt zum Beispiel durch Metaphern ausgedrückt?
- Welche Gefühle werden direkt ausgedrückt?

2. Schritt: Fragen stellen – Fragen beantworten – Bedeutungen klären

1 Formuliere die Fragen zu den vorgegebenen Antworten:

	Das Wort „pflücken“ teilt das Gedicht in zwei Teile.
	Zum Beispiel: Ich lege dir die Welt zu Füßen.
	Diese Klischees werden benutzt, aber nicht bestätigt.
	Er wird nicht lang genug leben.

2 Im achten Vers lernst du den Adressaten des Gedichts durch den eingeklammerten Zusatz „Du weißt es" kennen. Wie verstehst du diese Aussage? Wähle eine für dich zutreffende Antwort aus oder formuliere eine eigene.

- ☐ Die Geliebte weiß, dass Liebe nur einen Teil des Lebens ausfüllt und andere Bereiche auch gelebt werden wollen.
- ☐ Sie kennt den anderen und weiß, wann er lügt.
- ☐ Sie weiß, dass ihm seine Selbstverwirklichung wichtiger als ihre gemeinsame Liebe ist.
- ☐ Sie kennt ihren Geliebten als nüchternen Menschen, der sich keinen Illusionen hingibt.

---

3 Formuliere die Frage zu folgender Antwort: Der erste Vers leitet die anschließenden Absagen an die Geliebte ein, während der letzte einer Liebeserklärung gleicht und das Liebesgedicht positiv abschließt.

---

3. Schritt: Gestaltendes Lesen – Lautstärke und Betonung

Nachdem das Gedicht gelesen und der Inhalt erschlossen wurde, kann es laut vorgelesen oder vorgetragen werden. Dazu müssen Pausen und Betonungen an geeigneter Stelle eingearbeitet werden. Der Vortragende gestaltet beim Vorlesen das Gedicht so, wie er es versteht.

a) Um Sprechpausen zu kennzeichnen, setze die fehlenden Kommas an die richtige Stelle.
b) Sprich den Text halblaut und probiere verschiedene Pausenzeiten aus.
c) Setze für eine kurze Pause einen senkrechten Strich, für eine längere einen Doppelstrich.
d) Nach dem Doppelpunkt sollte eine längere Pause folgen.
e) Nimm eine aufrechte Haltung auf dem Stuhl ein, lies den Text in verschiedenen Betonungen und unterstreiche die Wörter, die du besonders betonen willst.
f) Des Weiteren kannst du mit der Lautstärke variieren, z. B. indem du flüsterst oder besonders laut sprichst.
g) Lies das von dir gestaltete Gedicht deinem Sitznachbarn vor.

Tipp Pausen lassen das danach Folgende besonders wichtig erscheinen.

1. Schritt: Form und Inhalt erfassen

Liebesgedicht 3

Was es ist
Erich Fried

Es ist Unsinn
sagt die Vernunft
Es ist was es ist
sagt die Liebe

Es ist Unglück
sagt die Berechnung
Es ist nichts als Schmerz
sagt die Angst
Es ist aussichtslos
sagt die Einsicht
Es ist was es ist
sagt die Liebe

Es ist lächerlich
sagt der Stolz
Es ist leichtsinnig
sagt die Vorsicht
Es ist unmöglich
sagt die Erfahrung
Es ist was es ist
sagt die Liebe

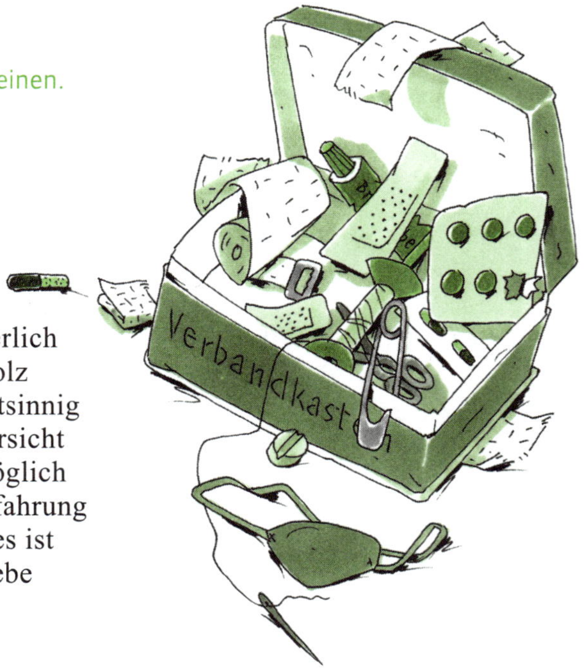

Gedichte lesen und verstehen

1 Lies das Gedicht gründlich durch und beantworte die Fragen zum Inhalt im Cluster.

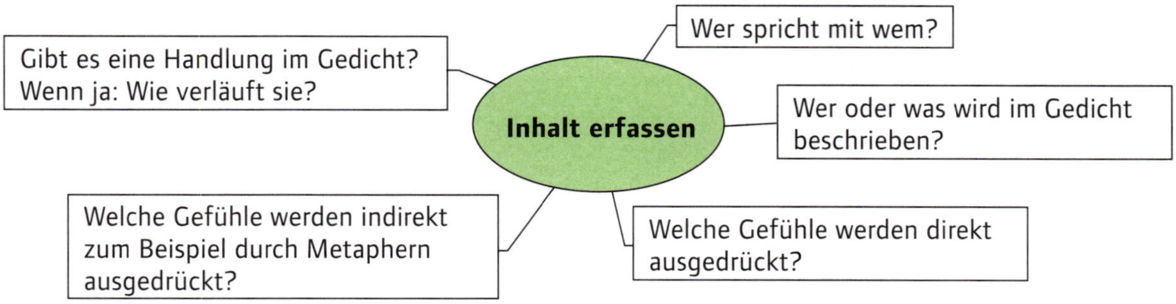

2 Schreibe den Sprecher/die Sprecherin und die jeweilige Aussage in diese Tabelle.

Sprecher/Sprecherin	Es ist …
Vernunft	Unsinn
Berechnung	

3 Sieh dir die Sprecher/Sprecherinnen an. Um wen oder was handelt es sich?

4 Erkläre die Aussage der personifizierten Liebe. Beachte dabei folgende Begriffe:
Akzeptanz – Unerklärliches – Bedingungsloses.
Du kannst die Worte so abwandeln, dass sie in deinen Text passen.

2. Schritt: Bedeutungen klären – Gedichte vergleichen

1 Nachdem du dich nun mit dem Inhalt des Gedichts auseinandergesetzt hast, finde eine allgemeine Aussage über das Thema des Gedichts.

Tipp Wenn du nicht weiterkommst, helfen dir diese Stichwörter: Definition der Liebe – Widersprüche – Antwort.

Gedichte lesen und verstehen

2 Vergleiche das Gedicht von Heiner Müller mit dem von Erich Fried unter folgenden Aspekten. Notiere dir Stichpunkte.

Heiner Müller: Ich kann dir die Welt ...	Aspekte	Erich Fried: Was es ist
	Form: Reime, Strophen, Verse	
	Wer spricht?	
	Gibt es einen Adressaten?	
	Gib den Inhalt in wenigen Stichpunkten wieder.	
	Welche Gefühle werden ausgedrückt?	
	Gibt es eine Liebeserklärung?	

3 Welches der beiden Gedichte gefällt dir besser? Begründe deine Aussage.

3. Schritt: Gestaltendes Lesen – Pausen, Betonung, Gestik und Mimik

1 Um dir eindeutige Klarheit über Redeteile und Begleitsätze im Gedicht „Was es ist" zu verschaffen, setze die Satzzeichen.

2 Trenne die Redeteile und Begleitsätze mit einem senkrechten Strich als Pausenzeichen ab.
Zum Beispiel:

Es ist Unsinn|
sagt die Vernunft
usw.

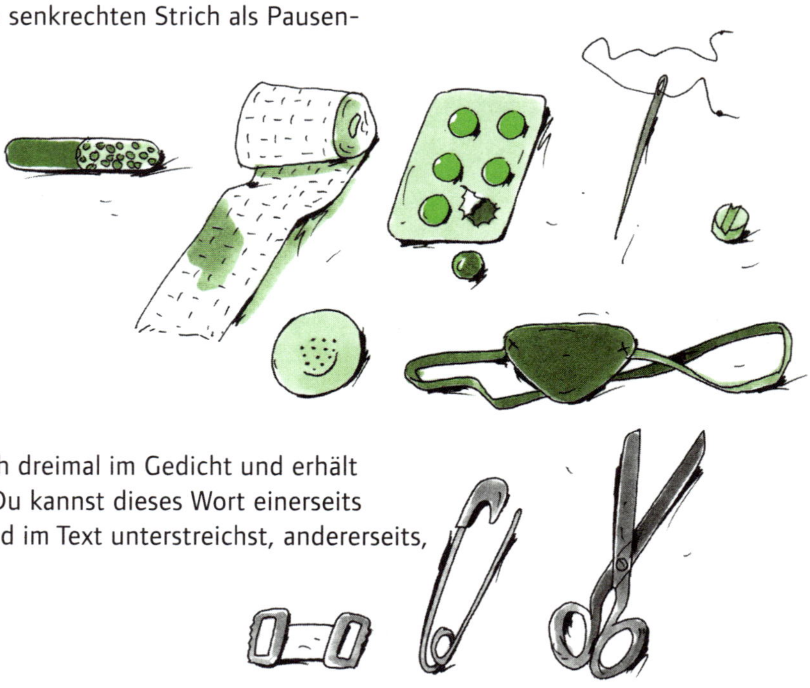

3 Unterstreiche Wörter, die du betonen möchtest.
Zum Beispiel:

Es ist <u>Unsinn</u>
sagt die <u>Vernunft</u>

4 Ein „Sprecher"/eine „Sprecherin" wiederholt sich dreimal im Gedicht und erhält dadurch eine besondere Bedeutung: die Liebe. Du kannst dieses Wort einerseits hervorheben, indem du es besonders betonst und im Text unterstreichst, andererseits, indem du vorher eine Pause einbaust.
Zum Beispiel:

Es ist was es ist
sagt |die <u>Liebe</u>

Gedichte lesen und verstehen

5 Bestimme die entsprechenden Adjektive zu den Sprechern.

Sprecher/Sprecherin	entsprechendes Adjektiv
Vernunft	vernünftig
Berechnung	
Angst	
Einsicht	
Liebe	
Stolz	
Vorsicht	
Erfahrung	

6 Betone nun die Redeteile so, dass z. B. die Aussage der Vernunft vernünftig klingt.
Setze dies mit den weiteren Sprechern so fort. *Oder*
Arbeitet jeweils zu zweit an der Gestaltung zweier zusammengehöriger Verse.
Zum Beispiel:

Inga: „Es ist <u>Unsinn</u>“, |
Felix: sagt die <u>Vernunft</u>.|

Tipp Oftmals ist es sinnvoll, eine bestimmte Gestik oder Mimik dazu einzunehmen. Gehe spielerisch mit den verschiedenen Möglichkeiten um und wähle die aus, die dir am besten gefällt.

7 Tragt nun eure Textgestaltung laut vor. *Oder*
Ihr könnt auch zu neunt das Gedicht vortragen, indem einer die Begleitsätze übernimmt und acht jeweils einen Redeteil vortragen.

Inzwischen hast du mehrere Varianten und Feinheiten kennengelernt, die dir helfen, ein Gedicht laut vorzutragen. Wichtige Tipps findest du in diesem Werkzeugkoffer:

Tipps zum Vortragen eines Gedichtes

Zu Sprechpausen

1. Vorbereitung: Sprich den Text halblaut und probiere verschiedene Pausenzeiten aus.
2. Setze einen senkrechten Strich für eine Pause, zwei für eine lange Pause.
3. Verbinde alle Verse mit einem Rundbogen, bei denen der Satz in der nächsten Verszeile weitergeht.
4. Setze bei Bedarf Kommas und Punkte, um den Text zu strukturieren und eine Pause einzubauen.
5. Kennzeichne die wörtliche Rede mit Anführungszeichen und trenne Redeteile und Begleitsätze mit einem senkrechten Strich als Pausenzeichen ab.
6. Setze Zeichen, wenn du schnell „→“ oder langsam „←“ lesen möchtest.

Zur Betonung

1. Lies den Text halblaut und probiere verschiedene Betonungen aus.
2. Unterstreiche Wörter, die du besonders betonen möchtest.
3. Setze vor Wörtern, die du betonen möchtest, ein Pausenzeichen.
4. Bei Ausrufen geht die Stimme hoch, was du mit einem Pfeil ↑ kennzeichnest.

Zum Vortragen

1. Nimm eine aufrechte Haltung ein und trage das Gedicht laut vor. Passende Gestik und Mimik unterstreichen die Wirkung des Gedichts.

Orientierendes Lesen

1. Schritt: Auf die äußere Form achten – Lyrik, Drama und Epik erkennen

Literatur teilt sich in drei große Formen, auch Gattungen genannt, auf:
- Lyrik: Texte, die in Gedichtform verfasst wurden.
- Drama: Texte, die für eine Theateraufführung geschrieben wurden.
- Epik: Texte, die im Fließtext über Ereignisse, Orte und Figuren erzählen.

Du erkennst die Gattung beim Überfliegen des Textes an verschiedenen Merkmalen:

Gattung	Merkmale
Lyrik	Gedichtform; meist mehrere Strophen, manchmal gereimt, Versanfang meist großgeschrieben
Drama	Regieanweisungen; dialogischer Text (verschiedene Figuren sprechen), meist aufgeteilt in Szenen und Akte
Epik	fließender, meist längerer Text, eventuell in Abschnitte und Kapitel eingeteilt, hauptsächlich erzählend mit zeitweiliger direkter Rede, Ich- oder Er-/Sie-Form

1 Ordne die folgenden Textauszüge einer der drei Gattungen zu und begründe dies.

Die Stadt der wilden Götter
Isabel Allende

Der schlimme Traum – Alexander Cold schreckte im Morgengrauen aus einem Albtraum auf. Ein riesiger schwarzer Geier hatte darin eine der Fensterscheiben zertrümmert, war ins Haus eingedrungen und hatte seine Mutter mitgenommen. Im Traum hatte Alex ohnmächtig mit ansehen müssen, wie der gigantische Vogel Lisa Cold mit seinen gelben Fängen an den Kleidern packte, durch das geborstene Fenster wieder hinausflog und sich in dem mit dicken Wolken verhangenen Himmel verlor. Geweckt hatte ihn der Sturm, der Wind, der an den Bäumen zerrte, der Regen auf dem Dach, das Blitzen und Donnern. Ihm war zumute wie in einer Nussschale im Ozean; er tastete nach dem Schalter der Nachttischlampe und presste sich gegen den Koloss von Hund, der neben ihm schlief. […]

Gattung: ______________________________

Begründung: ______________________________

____

Noch bist du da
Rose Ausländer

Wirf deine Angst
in die Luft

Bald
ist deine Zeit um
bald
wächst der Himmel
unter dem Gras
fallen deine Träume
ins Nirgends

Noch
duftet die Nelke
singt die Drossel
noch darfst du lieben
Worte verschenken
noch bist du da

Sei was du bist
Gib was du hast

Orientierendes Lesen

Textsorte: ______________________________

Begründung: ______________________________

____

Andorra

Max Frisch

BARBLIN Wenn du nicht die ganze Zeit auf meine Waden gaffst, dann kannst du ja sehn, was ich mache. Ich weißle. Weil morgen Sanktgeorgstag ist, falls du das vergessen hast. Ich weißle das Haus meines Vaters und was macht ihr Soldaten? Ihr lungert in allen Gassen herum, eure Daumen im Gurt, und schielt uns in die Bluse, wenn eine sich bückt.

Der Soldat lacht.

Ich bin verlobt.

SOLDAT Verlobt!

BARBLIN Lach nicht immer wie ein Michelin-Männchen.

[...]

Textsorte: ______________________________

Begründung: ______________________________

____

____

Text 1: Die Küchenuhr

2. Schritt: Informationen aus dem Text sammeln – W-Fragen stellen und beantworten

Ein epischer Text setzt sich aus verschiedenen Bausteinen zusammen. In der Mindmap sind davon einige Bausteine aufgeführt. Mithilfe der Fragen kannst du die Bausteine erschließen.

Erste Informationen aus einem Text entnehmen

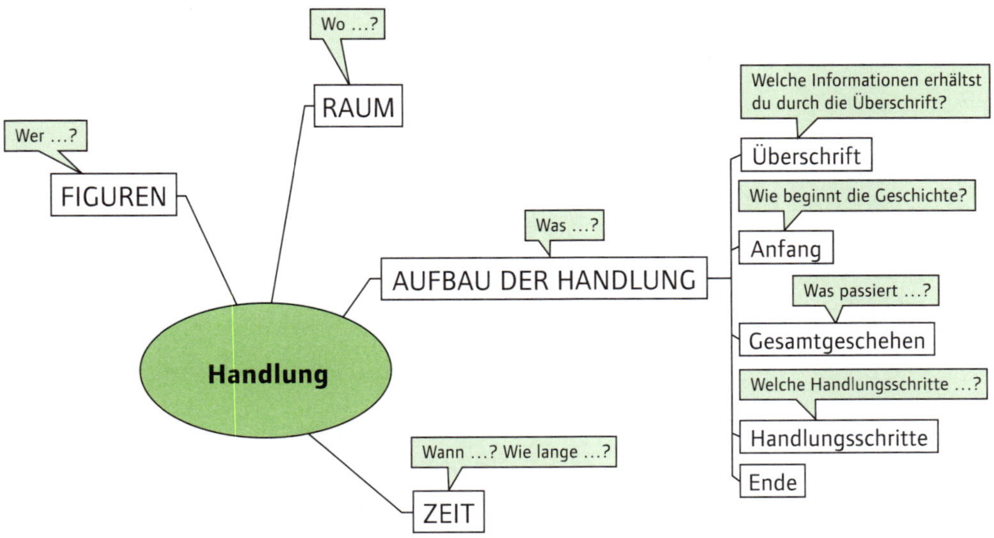

Orientierendes Lesen

1 Information der Überschrift entnehmen
Schaue dir die Überschrift des folgenden Textes an.
Welche Informationen erhältst du durch die Überschrift? Kreuze Zutreffendes an:

a) Es handelt sich um einen Gegenstand, den man im Alltag nutzt. ☐

b) Üblicherweise ist dieser Gegenstand besonders kostbar. ☐

c) Wahrscheinlich fällt diesem Gegenstand eine besondere Bedeutung zu, weil er in der Überschrift steht. ☐

2 Überfliege nun den Textanfang der Geschichte „Die Küchenuhr".

Die Küchenuhr
Wolfgang Borchert

Sie sahen ihn schon von weitem auf sich zukommen, denn er fiel auf. Er hatte ein ganz altes Gesicht, aber wie er ging, daran sah man, dass er erst zwanzig war. Er setzte sich mit seinem alten Gesicht zu ihnen auf die Bank. Und dann zeigte er ihnen, was er in der Hand trug. Das war unsere Küchenuhr, sagte er und sah sie alle der Reihe nach an, die auf der Bank in der Sonne saßen. Ja, ich habe sie noch gefunden. Sie ist übrig geblieben. Er hielt eine runde tellerweiße Küchenuhr vor sich hin und tupfte mit dem Finger die blau gemalten Zahlen ab. Sie hat weiter keinen Wert, meinte er entschuldigend, das weiß ich auch. Und sie ist auch nicht so besonders schön. Sie ist nur wie ein Teller, so mit weißem Lack. Aber die blauen Zahlen sehen doch ganz hübsch aus, finde ich. Die Zeiger sind natürlich aus Blech. Und nun gehen sie auch nicht mehr. Nein. Innerlich ist sie kaputt, das steht fest. Aber sie sieht noch aus wie immer. Auch wenn sie jetzt nicht mehr geht.
[...]

3 Fragen an den Text stellen
Wer?
Wie viele Personen kommen in diesem Textanfang vor? Unterstreiche die richtige Lösung:
zwei Personen – eine Person – mindestens drei Personen.
Wo?
Wo treffen sich die Personen? Unterstreiche:
draußen auf einer Bank – in einer Kirche – in einem Wartezimmer.
Was geschieht?
Was geschieht zu Beginn dieser Geschichte?
Nummeriere die Aussagen der Reihenfolge nach.

◯ Er zeigte die Uhr.
◯ Er setzte sich zu den anderen Menschen auf die Bank.
◯ Er sprach über die Küchenuhr.

Text 2: Die Entdeckung der Langsamkeit

1 Lies die Überschrift vom folgenden Text von Stan Nadolny und formuliere zu den folgenden Antworten die entsprechenden W-Fragen.

______________________ Langsam zu leben, wird entdeckt.

______________________ Die Leser entdecken die Langsamkeit.

______________________ Die Langsamkeit war verschwunden.

2 Überfliege die ersten beiden und letzten beiden Textzeilen.
Verbinde die jeweilige Frage mit der richtigen Antwort.

War Johns Ziel weit entfernt?	Er ging in Richtung Meer.
Wohin wollte er?	Der Ort konnte noch weit entfernt sein.
In welche Richtung ging er?	Sein Ziel war ein Ort, an dem niemand ihn zu langsam fand.

Die Entdeckung der Langsamkeit

Sten Nadolny

[...] In einem dünnen Wassergraben watete er bis zum Bache Lymn. Sie würden denken, er sei in Richtung Horncastle gegangen und nicht zum Meer. In weitem Bogen wanderte er dann nördlich an Spilsby vorbei. Als die Sonne aufging, tappte er durch die Furt* des Steeping River, die Schuhe in der Hand. Jetzt war er schon weit östlich des Dorfs. Allenfalls den Schäfer konnte er noch treffen im Hügelland, aber der schlief bis in den Vormittag, getreu seiner Meinung, die Morgendämmerung müsse den Tieren des Waldes gehören. Der Schäfer hatte Zeit und dachte viel nach, meist mit geballten Fäusten. John mochte ihn, aber heute war es besser, ihm nicht zu begegnen. Vielleicht würde er sich einmischen. Ein Erwachsener hatte über das Weglaufen immer eine andere Meinung als ein Kind, auch wenn er nur ein Schäfer war, ein Langschläfer und Rebell. Mühsam ging John durch Wälder und Wiesen, vermied jeden Weg, kroch durch Zäune und Hecken. Wenn er im dunklen Gehölz gegangen war und durchs Gebüsch aus dem Wald wieder ausstieg, griff die Sonne nach ihm, erst mit Licht und dann mit der Wärme, immer kräftiger. Dornen zerkratzten seine Beine. Er war froh wie noch nie, denn er war nun ganz auf sich selbst gestellt. Von fern hallten die Schüsse einer Jagdgesellschaft durch die Stämme. Er machte einen Bogen nach Norden durch Weidegebiet, denn er wollte kein Wild sein.

John suchte einen Ort, an dem niemand ihn zu langsam fand. Der konnte aber noch weit sein.

* Furt = flache Stelle in einem Fluss

3 Lies den Text gründlich durch. Formuliere die unterstrichenen Aussagesätze in Fragen um.

4 John war allein unterwegs. Formuliere Fragen zu den vorgegebenen Antworten.

Er war froh wie noch nie.

John war ganz auf sich selbst gestellt.

Er wollte nicht zurück.

5 Nenne die Frage zu den aufgezählten Antworten: einen Wassergraben, die Furt des Steeping River, das Hügelland, Wälder und Wiesen, Zäune, Hecken, das Gebüsch, Weidegebiet.

6 Schreibe die passende Frage zur vorgegebenen Antwort auf.

Die Sonne.

Die Entdeckung der Langsamkeit (Fortsetzung)

[...] John war auf dem Schiff, mitten in der Bucht von Biskaya, und im Sturm. Seekrankheit kam nicht infrage. Er wollte jetzt einige Rechenaufgaben lösen. [...] Es schien ihm, als tauche das Vorschiff zu tief ein, vielleicht war der Bug leckgesprungen. Der Wasserdruck erhöhte sich, je tiefer das Leck saß, er drückte mit der Quadratwurzel der Höhe ins Schiff. Sank also ein Schiff, dann sank es von Sekunde zu Sekunde immer gründlicher. Er ging besser nach oben.

Durch die Tür kam er nach sorgfältigem Zielen. [...] Ab und zu sah er Menschen, die sich an Seile oder Hölzer schmiegten, um in einem präzis gewählten Augenblick neuen Halt zu suchen. Nur so kamen sie vorwärts. Es war, als wollten sie dem Sturm vortäuschen, sie seien ein fester Teil des Schiffs. Sie getrauten sich nur hinter seinem Rücken, menschliche Bewegungen zu machen. Vom Großmast her hörte John einen schwachen Knall und wütendes Schlagen und Knattern. Schreie, durch den Sturm gedämpft, erreichten sein Trommelfell. Das Großmarssegel war noch gesetzt gewesen, damit war es nun vorbei. Die See schien weiß wie kochende Milch, und es rollten Wogen heran, auf denen ganze Dörfer Platz hatten.

Plötzlich packten ihn zwei Fäuste, die nicht dem Sturm gehörten. Sie verfrachteten ihn mit einer Geschwindigkeit unter Deck, die dem freien Fall gleichkam. Ein Fluch war der einzige Kommentar. Im Logis war der Bootsmannseimer trotz der Bodenbreite umgeschlagen. John wurde wieder just so übel, wie es roch. „Trotzdem", sagte er während er samt dem Eimer umfiel, „für mich ist es das Richtige." Er sog die Lunge voll Luft, damit eine etwaige Beklommenheit gar nicht erst Platz hatte. Er war der geborene Seemann [...]

7 Verwerte die Informationen aus den ersten beiden Zeilen des zweiten Textteils.

Fragen	Antworten
Wer ...	
Wo ...	
Was ...	

8 Lies den Text gründlich. Kläre die unbekannten Wörter.

9 Schreibe folgende Handlungsschritte unter die passenden chronologisch geordneten Ortsangaben: Beobachtung des Sturms und seine Folgen, Ablenkung durch Rechnen, Bekenntnis zur Seefahrt.

unter Deck	auf dem Deck	unter Deck

10 Schreibe in die Tabelle, welche Auswirkungen der Sturm hatte.

auf die Besatzung	auf die Schiffsausrüstung	auf das Meer

11 Welche Erkenntnis zieht John Franklin aus diesem Erlebnis auf hoher See?

Intensives Lesen

Nachdem du durch das orientierende Lesen einen ersten Eindruck über einen Text gewonnen hast, beginnt nun die inhaltliche Auseinandersetzung mit dem Text: das intensive Lesen. In dieser Mindmap kommen zu den schon bekannten Bausteinen eines epischen Textes und ihrer Erschließungswerkzeuge weitere hinzu. Werkzeuge des intensiven Lesens sind die W-Fragen sowie Visualisierungen wie z. B. der Spannungsbogen oder der Handlungsstrahl.

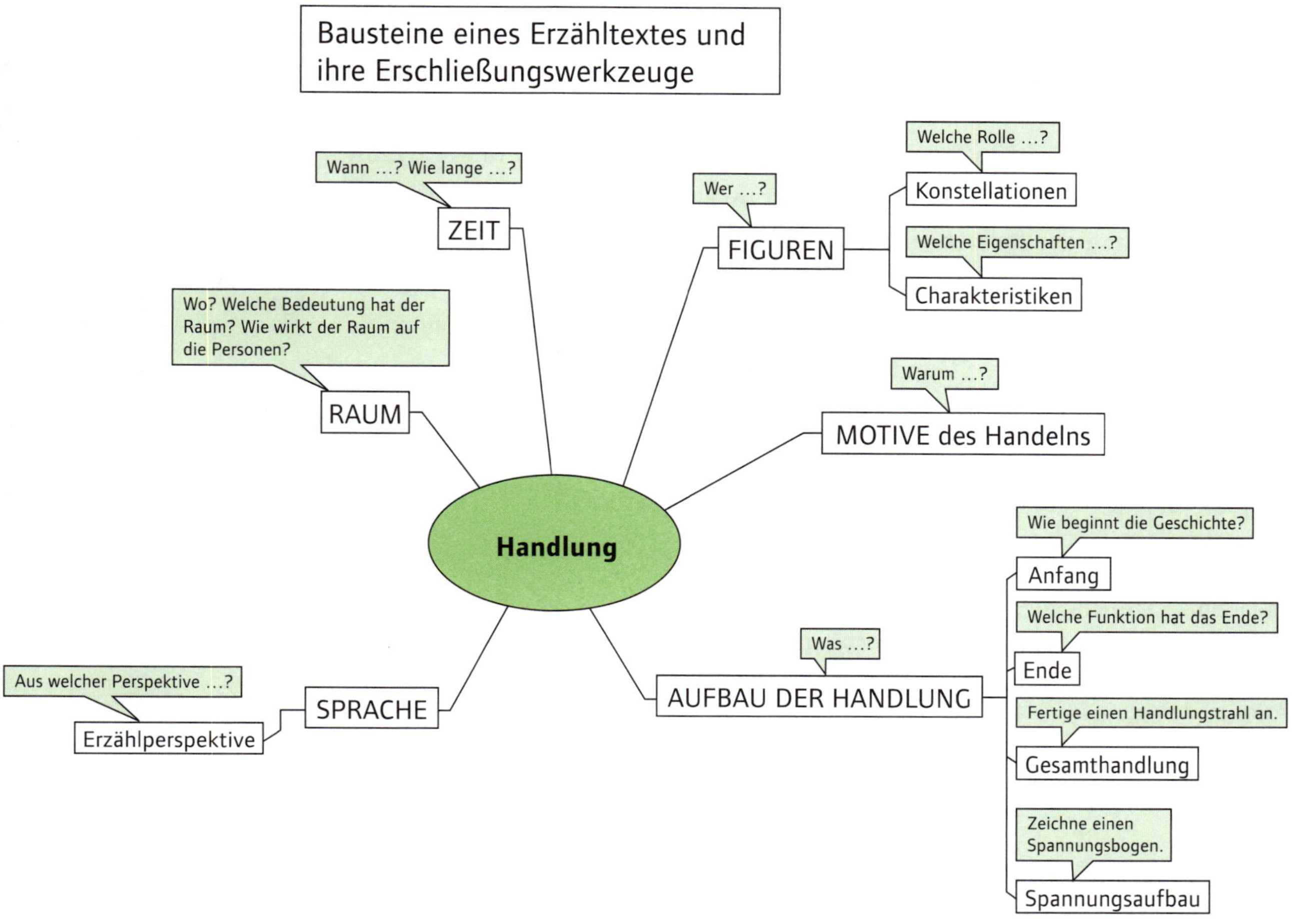

Text 1: Hannah und der Schwarzkünstler Faust

1. Schritt: Textausschnitt in Etappen lesen und verstehen

1 Der Titel des Romans lautet:

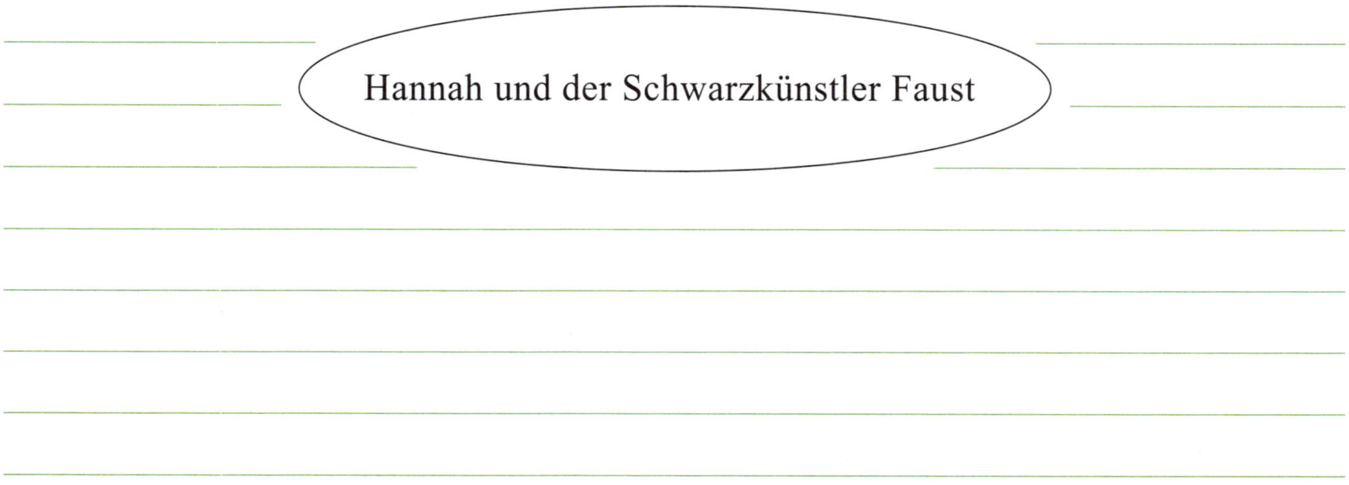

Schreibe deine spontanen Gedanken zum Titel in den Cluster.

2 Lies den folgenden Abschnitt, der die Geschichte um die beiden Hauptfiguren einleitet.

Ende Mai 1506

[...] Düstere Wolkenberge jagten über den Himmel und innerhalb kürzester Zeit war es so dunkel, *als* wollte sich das Licht von der Welt verabschieden. Der Wind peitschte prasselnden Regen gegen das mit Leder bespannte Holz der Kutschentür. Abgerissene Äste und Blätter wirbelten hoch und ein Heulen *wie* von verirrten Teufelsseelen lag in der Luft. Da sackte ein Kutschenrad in eine schlammige Vertiefung des aufgeweichten Waldwegs. Wieder zuckte ein Blitz taghell über den Himmel. Sofort krachte ein Donnern hinterher, *als* wollte die Erde zerbersten. Das Pferd bäumte sich auf, der Kutscher trieb es *wie* besessen mit der Peitsche an, aber das Wagenrad hing fest. Da wurde ein wollenes Bündel aus dem Wagen geworfen, höchstens zwei Ellen* lang. Als es auf dem schlammigen Boden aufschlug, war ein jammerndes Stöhnen zu hören, das vom heulenden Wind davongetragen wurde. [...]

* alte Längeneinheit, etwa 55 – 85 cm

3 Stelle zu den folgenden Antworten die entsprechenden W-Fragen:
- Der Kutscher fuhr durch ein heftiges Gewitter.
- 1506
- Das Wagenrad steckte im Schlamm fest.
- Ein Bündel wurde aus der Kutsche geworfen und darin war ein stöhnendes Lebewesen.

4 Unbekannte Wörter klären:
Möglichkeit A: Erkläre das Wort „zerbersten" aus dem Sinnzusammenhang.

____

Möglichkeit B: Das Adjektiv „wollenes" kannst du dir erklären, indem du das entsprechende Nomen dazu bildest:

wollenes → aus _______________

5 Fasse in einem Satz zusammen, was in diesem Abschnitt passiert.

____

____

6 Lies den folgenden Text gründlich durch.

[...] Kaum merklich bogen sich die schweren Zweige einer hoch gewachsenen Tanne auseinander. Ein Blitz erhellte das Gesicht eines Mannes, der hier Schutz gesucht hatte, als hätte eine Lichtflamme über seine Haut gewischt. Dann war alles wieder düster. Regen prasselte auf die Erde, es roch nach Moos und vermoderten Pilzen. Der Kutscher rieb über die flackernde Glaslaterne an der Seite der Kutschenwand, knallte mit der Peitsche und trieb das verängstigte Tier an. Das nass glänzende Fell zuckte, Wasserrinnsale liefen über Rücken und Lederriemen. Nebelwolken stoben aus seinen Nüstern. Es zog und zerrte, ein letzter Ruck und das Wagenrad war aus dem morastigen Boden gezogen. Das Pferd wieherte auf, raste davon und zog die wankende Kutsche hinter sich her. Das dumpfe Pferdegetrappel verlor sich bald in der Ferne.

Der Mann löste sich aus dem Schutz der Tanne und näherte sich dem Bündel. Vorsichtig stieß er mit dem Fuß nach dem schmutzigen Tuch und hörte ein leises Wimmern. Er kniete nieder, schlug eine Seite der Decke auf. Darunter lag ein schmaler Körper, der in Lumpen gehüllt war. „Sie wollten das Balg loswerden“, brummte er. „Ich kann's nicht brauchen. Morgen wird es schon jemand finden.“

Er stapfte den schlammigen Weg weiter, als er wieder das Wimmern hörte, es klang wie ein verletztes Tier. Zögernd drehte er sich um, hob das Lumpenbündel auf und warf es über die Schulter. Es war leicht wie eine Feder. Aus der wollenen Decke löste sich ein schmaler Arm, der leblos herunterbaumelte. Der Fremde schaute hoch zum Firmament. Es lockerte allmählich von Süden her auf, die schmutzig grauen Gewitterwolken wurden wie von unsichtbaren Kräften davongejagt. Gerade wollte der Fremde mit seiner Bündellast weitermarschieren, als etwas zu Boden rutschte. Im Morast blitzte ein silberner Anhänger mit einem seltsamen Symbol auf. Er bückte sich, wischte das schlammige Amulett an der Hose sauber und fuhr mit dem Finger über das Zeichen. Für einen kurzen Augenblick blieb er regungslos stehen, wagte kaum zu atmen, umschloss es fest mit seiner Hand und steckte es dann ein. [...]

7 Wie bereits beim ersten Abschnitt helfen dir die W-Fragen, den Inhalt der Abschnitte zu verstehen. Beantworte die erste Frage: Wie wurde die Kutsche aus dem Morast befreit?

Formuliere zwei weitere für den Textinhalt wichtige W-Fragen:

8 Überprüfe deine Textkenntnis, indem du folgende Aussagen in richtiger Reihenfolge nummerierst. Vergleiche anschließend mit dem Lösungsteil.

- ☐ Zwischen Zweigen kam ein Fremder hervor und sah nach dem Bündel.
- ☐ Aus dem Bündel kamen wimmernde Geräusche, sodass der Fremde das Bündel entgegen seinen ursprünglichen Plänen mitnahm.
- ☐ Aus der Kutsche wurde ein wollenes Bündel geworfen, vom dem ein Stöhnen ausging.
- ☐ Zu dem Findelkind gehörte ein Amulett, von dem der Fremde beeindruckt war.
- ☐ Bei einem heftigen wolkenbruchartigen Regen und Gewitter blieb ein Rad einer vorbeifahrenden Kutsche im aufgeweichten Waldweg stecken.
- ☐ Mit aller Kraft konnte das Pferd die Kutsche aus dem Morast befreien und die Kutsche fuhr rasch weiter.

9 Vermute, wer in dem Bündel lag und wer dieses Bündel mitgenommen hat.

Tipp Lies noch einmal den Titel des Romans.

Text 2: Zwei Männer

2. Schritt: Einen längeren Text in Etappen lesen, verstehen, Abläufe visualisieren

Es ist sinnvoll, längere Texte in Etappen zu lesen, um den Überblick zu behalten.

1 Nummeriere die Abschnitte des Textes „Zwei Männer".
2 Überfliege den Text und kläre die unbekannten Wörter in gewohnter Weise.

Zwei Männer (Teil 1)
Günther Weisenborn

Als der Wolkenbruch, den sich der argentinische Himmel damals im Februar leistete, ein Ende gefunden hatte, stand das ganze Land unter Wasser. Und unter Wasser standen die Hoffnungen des Pflanzers von Santa Sabina. Wo ein saftgrünes Vermögen in Gestalt von endlosen Teefeldern mit mannshohen Yerbabüschen gestanden hatte, dehnte sich morgens ein endloses Meer. Der Farmer war vernichtet, das wusste er. Er saß auf einer Maiskiste neben seinem Haus und zählte die fetten Blasen, die an seine Schuhe trieben und dort zerplatzten. Das Maisfeld glich einem See.

Der Rancho [1] des Peons [2] war darin verschwunden. Sein Schilfdach trieb im Strom davon, eine nickende Straußenleiche vor sich herschiebend. Der Peon hatte sich zu seinem Herrn geflüchtet und saß neben ihm. [...] Es ist unter Männern Brauch, dass man sich in gewissen Lagen die letzte Zigarette teilt. Der Farmer, im Begriff, nach Mannes Art zu handeln, wurde von seinem Peon unterbrochen. „Herr!", rief der Indio, „der Parana! Der Strom kommt ...!" Er hatte recht. Man hörte in der Ferne ein furchtbares Donnern. Der Parana, angeschwollen von Wasser und Wind, brach in die Teeprovinzen ein. Parana, das heißt der größte Strom Argentiniens. Dieses Donnern war das Todesurteil für die Männer von Santa Sabina. Sie verstanden sich auf diese Sprache, die Männer. Sie hatten tausendmal dem Tod ins Auge gesehen.

Sie hatten das Weiße im Auge des Pumas gesehen und der Korallenschlange ins kalt strahlende Gesicht. Sie hatten dem Jaguar gegenübergestanden und der großen Kobra, die sich blähte. Sie hatten alle diese Begegnungen für sich entschieden, denn ihr Auge war kalt und gelassen ihre Hand.

Jetzt aber halfen keine Patronen und kein scharfes Auge. Dieser Feind hier, das Wasser, war bösartig wie hundert Schlangen, die heranzischten, und todesdurstig wie der größte Puma auf dem Ast. Man konnte das Wasser schlagen, es wuchs. Man konnte hineinschießen, es griff an. Es biss nicht, es stach nicht, das Wasser, es suchte sich nur mit kalten Fingern eine Stelle am Mann, seinen Mund, um ihn anzufüllen, bis Blasen aus der Lunge quollen. Das Wasser war gelb und lautlos. Und man sah vor Regen den Himmel nicht.

3 Lies den ersten Abschnitt der Kurzgeschichte und beantworte die W-Fragen.

Welche Personen werden genannt? (*Wer?*) ______________________________

Wo und *wann* spielt die Geschichte? ______________________________

Was geschieht? (kurze und knappe Antwort) ______________________________

4 Lies den zweiten Abschnitt und nummeriere Aussagen in der richtigen Reihenfolge.

- ☐ Der Tagelöhner verliert sein eigenes Haus.
- ☐ In der Ferne hörte man das Donnern des größten Stroms Argentiniens, des Paranas.
- ☐ Der Farmer wollte die letzte Zigarette in Notsituationen mit jemandem teilen.
- ☐ Der Tagelöhner flüchtet zu seinem Herrn.

5 Lies nun den dritten und vierten Abschnitt und fülle folgende Tabelle aus:

Bisherige todesbedrohliche Situationen	Eigene Rettung durch

Zwei Männer (Teil 2)

Auf einer kleinen Insel, halb unsichtbar in der triefenden Finsternis, saß der Farmer mit seinem Peon vor seinem Haus.
Dann kam der große Parana. Er kam nicht mit Pauken und Posaunen. Nein, man merkte ihn gar nicht. Aber plötzlich stand der Schuh des Farmers im Wasser. Er zog ihn zurück. Aber nach einer Weile stand der Schuh wieder im Wasser, weiß der Teufel … Und wenn man die Maiskiste zurücksetzte, so musste man sie bald noch ein wenig zurücksetzen, denn kein Mann sitzt gern im Wasser. Das war alles, aber das war der Parana. […] Als es dunkel wurde, standen der Farmer und sein Peon bereits bis zum Bauch im Wasser. Sie kletterten auf das Schilfdach. Dort auf dem Gipfel saßen sie schweigend, dunkle Schatten in der dunkelsten aller Nächte, indes Töpfe und Kästen aus den Häusern hinausschwammen. […]

Das Dach ging einen langen Weg. Es fuhr kreisend zu Tal. Es trieb am Rande der großen Urwälder vorbei, es segelte durch eine Herde von Rindern, die mit himmelwärts gestreckten Beinen totstill auf dem wirbelnden Wasser trieben. […]
Gegen Morgen richtete sich der Farmer auf und befahl seinem Peon, nicht einzuschlafen. Der Indio verwunderte sich über die harte Stimme seines Herrn. Er wäre bedenkenlos dem Farmer um die Erde gefolgt. Er war Indio und wusste, was ein Mann ist. Aber er wusste auch, dass ein Mann ein schweres Gewicht hat. Wenn nur ein Mann auf dem Dach sitzt, so hält es natürlich länger, nicht wahr, als wenn es unter dem schweren Gewicht zweier Männer auseinanderbricht und versinkt. Und dann gute Nacht …
Er glaubte nicht, dass der Farmer gutwillig das Dach verlassen würde, aber man konnte ihn hinunterkippen, denn es ging hier um Leben und Tod. Das dachte der Indio, und rückte näher. Sein Gesicht war steinern, es troff von Regen.
Das Dach würde auf keinen Fall mehr bis zum Morgen schwimmen. Jetzt schon brachen einzelne Bündel ab und schwammen nebenher. Die Männer mitten auf dem furchtbaren Strom wussten nicht, wo sie waren. Dichter Nebel fuhr mit ihnen. Ringsum das Wasser schien stillzustehen. Fuhren sie im Kreis? Sie wussten es nicht. Sie sahen sich an.

Da folgte der Farmer dem Brauch aller Männer, zog seine letzte Zigarette, brach sie in zwei Teile und bot dem Indio einen an. Sie rissen das Papier ab und kauten den Tabak, da sie kein Feuer hatten. Er ist ein guter Kamerad, dachte der Peon. Es hat keinen Zweck. Es soll alles seinen Weg gehen. Als er den würzigen Geschmack des Tabaks fühlte, wurde aus der Feindschaft langsam ein Gefühl der Treue. Was willst du? Der Peon hatte seine Frau verloren und sein Kind. Sie hatte die letzte Blase ihres Atems mit ihrer Hand zerschlagen. Er hatte nichts mehr, was ihn zu leben verlockte. Das Schilfdach sank immer tiefer. Wenn er selbst ins Wasser sprang, hielt das Dach vielleicht noch und trug seinen Herrn bis zum Morgen.

6 Vergleiche Peons Gedanken vor und nach dem Brauch (Ritual), sich eine letzte Zigarette zu teilen.

Peons Gedanken vor dem Ritual	Peons Gedanken nach dem Ritual

Zwei Männer (Teil 3)

Der Dienst ist aus, adios Señor! Der Peon kletterte über den Giebel bis an den Rand des Daches, als er plötzlich im dunklen Wasser Kaimane [3] rauschen sah, Jaquares [4], die ihn aufmerksam anstarrten. Zum ersten Mal verzog der Indio sein Gesicht, dann hielt er den Atem an und sprang. Aber er wurde im selben Augenblick von seinem Herrn gehalten, der ihn wieder aus dem Wasser zog und seinen Peon zornglühend anschrie. Kreideweiß, mit rotgeränderten Augen und triefenden Haaren, beugte sich der Farmer über ihn, nannte ihn den Vater allen Unsinns und rüttelte ihn. Dann befahl er ihm, seinen Platz einzunehmen und den Mut nicht zu verlieren, verdammt noch mal …!

Gegen Morgen trieben sie an Land, sprangen über Baumäste und wateten stundenlang, bis sie ins Trockene kamen. Sie klopften den Boden mit Stöcken nach Schlangen ab, und ehe sie sich zum Schlafen in das Maisfeld legten, sagte der Farmer: „Morgen gehen wir zurück und fangen wieder an."

„Bueno", sagte der Indio. Der Regen hörte auf.

(1) Farm
(2) Tagelöhner in Südamerika
(3) und (4) Krokodilarten

7 Der folgende Handlungsstrahl zeigt in den unteren Feldern den Inhalt der angezeigten Abschnitte im oberen Teil. Fülle die beiden freien Inhaltsfelder aus.

1	2–7	8–9	10–11	12–13	14
Hochwasser	Zuspitzung der Lage		letzte gemeinsame Zigarette		Rettung für beide Personen

8 Zeichne oberhalb des Handlungsstrahls die Spannungskurve dieser Kurzgeschichte weiter.

Tipp Je größer die Spannung ist, desto höher verläuft die Kurve. Je schneller die Spannung steigt oder abfällt, desto steiler verläuft die Kurve.

Text 3: Chronist der Winde

3. Schritt: Lesen, Verstehen, Abläufe visualisieren, Textabschnitte zusammenfassen

Der Chronist der Winde

Henning Mankell

[...] Für mich, José Antonio Maria Vaz, bedeutete es ein neues Leben, als ich vor Dona Esmeraldas Augen trat und Gnade und Arbeit fand. Später dachte ich manchmal, auch wenn mein Vater in seinem ganzen Leben nichts anderes getan hat als zu schwatzen, so hatte er doch recht, was meine Hände betraf. Ich war wirklich ein Bäcker, ich war auf dem richtigen Platz im Leben gelandet, den alle suchen, aber so wenige wirklich finden. Ich fand Freunde unter den anderen Bäckern und den spöttischen Mädchen, die hinter der Theke standen und das frische, duftende Brot verkauften. Ich lernte alle die Menschen kennen, die rings ums Theater wohnten, auf der breiten Avenue, die mitten durch die Stadt führte, zur alten Festung hin, wo Dom Joaquims Reiterstandbilder verlassen herumstanden. Nicht zuletzt freundete ich mich mit all den Straßenkindern an, die in Pappkartons und rostigen Autowracks wohnten und von dem lebten, was sie in Mülltonnen fanden, was sie stehlen und dann verkaufen oder verkaufen und anschließend zurückstehlen konnten. Dort hörte ich auch zum ersten Mal von Nelio.

[...] Einige Tage später zeigte ihn mir eins der Mädchen, die Brot verkauften, ich glaube, es war die kleine dünne Dinoka, die so verführerisch mit dem Hintern wackelte, sobald ein Mann in der Nähe war. Sie deutete auf eine Gruppe von Straßenkindern, die ihr Hauptquartier direkt vor dem Theater hatten. Der Junge, der Nelio sein sollte, war der kleinste von allen. Damals war er wohl ungefähr neun.

– Er hat noch nie Prügel bekommen, sagte Dinoka bewundernd. Stell dir vor, ein Straßenkind, das keine Prügel bekommen hat.

Das Leben der Straßenkinder war hart. Waren sie erst auf der Straße gelandet, gab es meist kein Zurück. Sie lebten im Schmutz, schliefen in ihren Pappkartons und verrosteten Autos, holten sich zu essen, wo sie etwas fanden, tranken Wasser aus den geborstenen Fontänen, die noch aus Dom Joaquims Zeiten stammten. Wenn es regnete, kickten sie oft Schlamm auf die Autos, die vor den Banken parkten, und übernahmen anschließend unschuldsvoll das Waschen, wenn die Besitzer herauskamen, um ihren Nachmittagskaffee im Scala oder Continental zu trinken. Sie klauten, wo sich eine Möglichkeit bot, sie schleppten Mehlsäcke für Dona Esmeralda und bekamen dafür altbackenes Brot, und sie wussten, leichter würde das Leben nie werden.

Die verschiedenen Gruppen von Straßenkindern hatten ihre abgegrenzten Reviere, und sie organisierten ihr Leben in kleinen Diktaturen, in denen der Anführer die unbeschränkte Macht besaß, zu richten und zu bestrafen.

[...] Eine Fülle von Geschichten gab es über Nelio. Über seine List und Schlauheit, über seine Fähigkeit, Recht zu sprechen, und nicht zuletzt darüber, wie er es schaffte, sich nicht verprügeln zu lassen. [...] Ich wusste also, dass es ihn gab. Ich hatte begriffen, dass er etwas Besonderes war. Aber ich hatte nie mit ihm geredet. Nicht vor dieser Nacht, als ich allein in der Bäckerei war und plötzlich das durchdringende Knallen aus dem leeren Theater hörte. Ich raste die Wendeltreppe hoch und schlich hinaus auf den oberen Rang. Zu meiner Überraschung entdeckte ich, dass die Scheinwerfer auf der Bühne angeschaltet waren, auch stand da ein Bühnenbild, das ich noch nicht kannte. Und mitten im Licht lag Nelio. Das Blut floss aus seinem Körper, es wirkte fast schwarz auf seinem weißen Hemd aus indischer Baumwolle. Ich stand mit klopfendem Herzen im Dunkel und versuchte zu überlegen. Wer hatte auf ihn geschossen? Warum lag er mitten in der Nacht auf der Bühne, gebadet in Scheinwerferlicht und Blut? Ich horchte auf Geräusche, aber es war ganz still. Dann hörte ich, dass er röchelte, wie er da auf der Bühne lag. Ich tastete mich die dunklen Treppen hinab, voller Angst, jemand würde aus dem Dunkel auftauchen und auch auf mich eine Waffe richten. Als ich schließlich die Bühne erreichte und neben ihm auf die Knie fiel, dachte ich, er wäre schon tot. Aber als hätte er mich gehört, schlug er die Augen auf, sie waren ganz klar, obwohl er sehr viel Blut verloren hatte.

– Ich hole Hilfe, sagte ich. Schwach schüttelte er den Kopf .

– Trag mich hinauf aufs Dach, sagte er. Ich brauche nichts als Luft. [...]

1 Lies den Text jeweils bis zu den Aufgaben, die du erledigst, und setze danach das Lesen fort.

2 Formuliere die passenden Fragen auf folgende Antworten:

Der Text ist aus der Perspektive des Ich-Erzählers geschrieben.

Sein Name ist Antonio Maria Vaz.

Er war glücklich, weil er am richtigen Platz in seinem Leben gelandet war.

Als Bäcker arbeitet er bei Dona Esmeralda.

Mit Straßenkindern freundete er sich an.

3 Überprüfe deine Textkenntnis: Verbinde die Fragen mit den richtigen Antworten und du erhältst die Informationen, die der Text über die Straßenkinder gibt.

Welchen Tätigkeiten gingen sie nach?	Ja, jede Gruppe hatte ein abgestecktes Revier und einen Anführer.
Wovon ernährten sich die Straßenkinder?	Diebstahl, Autos beschmutzen und danach Reinigungsdienste anbieten, Säcke schleppen.
Lebten die Straßenkinder in Gruppen?	Der Anführer befahl, bestrafte und sprach sein eigenes Recht.
Welche Rolle spielte der Anführer einer Gruppe?	Sie aßen und tranken, was ihnen auf der Straße zugänglich war.

4 In dem Text erzählt Antonio über mehrere Verhaltensweisen der Straßenkinder, die wir als Unrecht bezeichnen. Welches Verhalten ist damit gemeint? Liste auf:

- Sie verkaufen etwas und stehlen es zurück.
-
-

Intensives Lesen

5 Formuliere für den ersten, zweiten und dritten Abschnitt je eine Überschrift, die auf den jeweiligen Inhalt hinweist.

6 Unterstreiche im vierten Abschnitt drei Schlüsselwörter.
7 Formuliere eine Überschrift für den letzten Abschnitt.

8 Markiere im Text, was du über Nelio erfährst.
9 Ergänze die Mindmap mit den markierten Informationen über Nelio.
Mithilfe der Mindmap ordnest du die Informationen über Nelio und kannst dir schnell ein Bild von ihm machen.

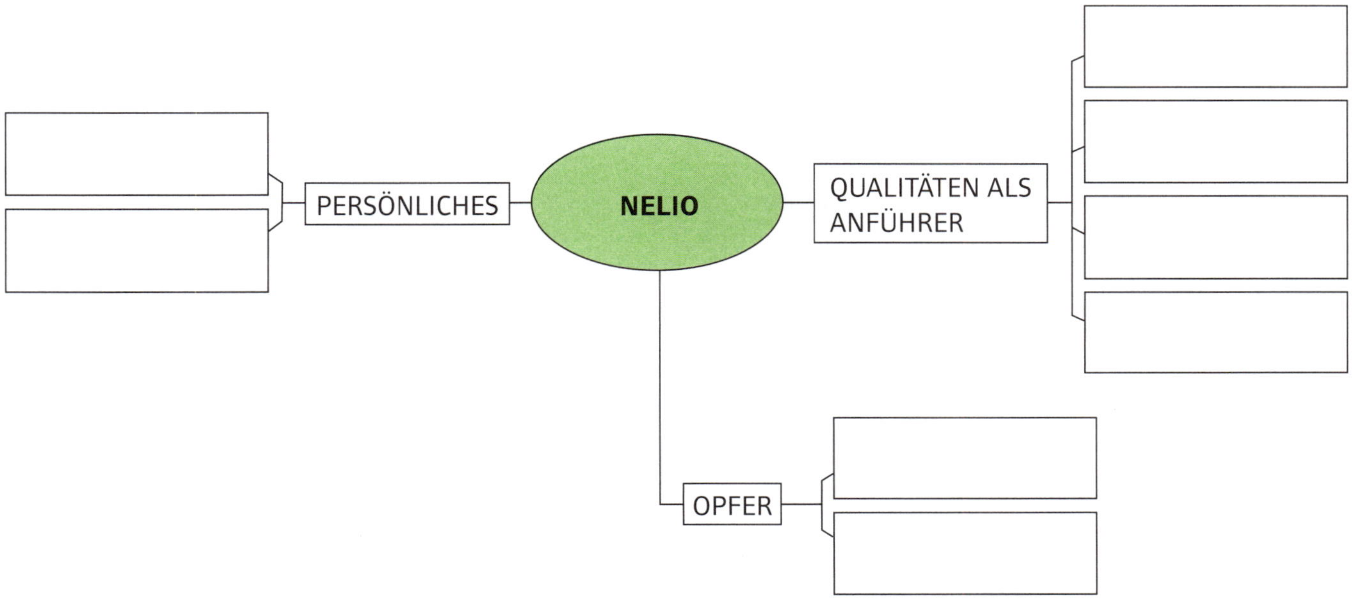

10 Ergänze, was Antonio an den unten beschriebenen Orten wahrnahm:

Dinoka zeigte ihm Nelio, als sie

1	2	3	4
im Laden *stand.*	nachts in der Bäckerei	auf dem oberen Rang	auf der Bühne

11 Nimm einen farbigen Stift und zeichne eine Spannungskurve zwischen 1 und 4 auf die Linie.

Vorübungen für Inhaltsangaben

1. Schritt: Sinnabschnitte einteilen – Schlüsselwörter markieren – Thema bestimmen

Die Inhaltsangabe gibt die wesentlichen Aussagen eines Textes wieder. Bevor du eine Inhaltsangabe schreiben kannst, musst du den Text gut kennen. Den Textinhalt erschließt du dir mithilfe des orientierenden und intensiven Lesens, so wie du es in den vorangegangenen Kapiteln gelernt hast. Um einen Text zu kürzen, kannst du folgende Werkzeuge nutzen:

- Sinnabschnitte einteilen,
- Schlüsselwörter markieren,
- Kernaussagen unterstreichen,
- Abschnitte zusammenfassen,
- Überschriften für Abschnitte formulieren,
- Inhalt in einem Schaubild oder einer Mindmap darstellen.

Die Vermessung der Welt (Teil 1)
Daniel Kehlmann

Im September 1828 verließ der größte Mathematiker des Landes zum ersten Mal seit Jahren seine Heimatstadt, um am Deutschen Naturforscherkongress in Berlin teilzunehmen. Selbstverständlich wollte er nicht dorthin. Monatelang hatte er sich geweigert, aber Alexander von Humboldt war hartnäckig geblieben, bis er in einem schwachen Moment und in der Hoffnung, der Tag käme nie, zugesagt hatte.

Nun also versteckte sich Professor Gauß im Bett. Als Minna ihn aufforderte aufzustehen, die Kutsche warte und der Weg sei weit, klammerte er sich ans Kissen und versuchte seine Frau zum Verschwinden zu bringen, indem er die Augen schloss. Als er sie wieder öffnete und Minna noch immer da war, nannte er sie lästig, beschränkt und das Unglück seiner späten Jahre. Da auch das nicht half, streifte er die Decke ab und setzte die Füße auf den Boden.

Grimmig und notdürftig gewaschen ging er die Treppe hinunter. Im Wohnzimmer wartete sein Sohn Eugen mit gepackter Reisetasche. Als Gauß ihn sah, bekam er einen Wutanfall: Er zerbrach einen auf dem Fensterbrett stehenden Krug, stampfte mit dem Fuß und schlug um sich. Er beruhigte sich nicht einmal, als Eugen von der einen und Minna von der anderen Seite ihre Hände auf seine Schultern legten und beteuerten, man werde gut für ihn sorgen, er werde bald wieder daheim sein, es werde so schnell vorbeigehen wie ein böser Traum. Erst als seine uralte Mutter, aufgestört vom Lärm, aus ihrem Zimmer kam, ihn in die Wange kniff und fragte, wo denn ihr tapferer Junge sei, fasste er sich. Ohne Herzlichkeit verabschiedete er sich von Minna; seiner Tochter und dem jüngsten Sohn strich er geistesabwesend über den Kopf.

Dann ließ er sich in die Kutsche helfen.

1 Lies den Text und formuliere die passenden W-Fragen zu den vorgegebenen Antworten, um einen ersten Überblick über den Text zu erlangen.

________________ Der größte Mathematiker fuhr 1828 nach Berlin.

________________ Gauß wollte weder aufstehen noch abreisen.

________________ Seine alte Mutter bewegte ihn zur Abreise.

2 Teile den Text in Sinnabschnitte ein.
3 Markiere pro Sinnabschnitt bis zu fünf Schlüsselwörter.
4 Schreibe rechts an die Abschnitte jeweils eine passende Überschrift.

Vorübungen für Inhaltsangaben

5 In dem Text wird konkret beschrieben, wie sich Gauß und seine Familie an diesem Morgen verhielten. Wie lautet das umfassendere Thema dieses Textes?

____

2. Schritt: W-Fragen beantworten – Handlung verstehen, im Flussdiagramm zusammenfassen

1 Überfliege den Text. Wie viele Sinnabschnitte enthält er? __________ Sinnabschnitte.

Die Vermessung der Welt (Teil 2)

Die Fahrt war qualvoll. Er nannte Eugen einen Versager, nahm ihm den Knotenstock ab und stieß mit aller Kraft nach seinem Fuß. Eine Weile sah er mit gerunzelten Brauen aus dem Fenster, dann fragte er, wann seine Tochter endlich heiraten werde. Warum wolle die denn keiner, wo sei das Problem?

Eugen strich sich die langen Haare zurück, knetete mit beiden Händen seine rote Mütze und wollte nicht antworten.
Raus mit der Sprache, sagte Gauß.
Um ehrlich zu sein, sagte Eugen, die Schwester sei nicht eben hübsch.
Gauß nickte, die Antwort kam ihm plausibel vor.
Er verlangte ein Buch.

Eugen gab ihm das, welches er gerade aufgeschlagen hatte. Friedrich Jahns *Deutsche Turnkunst*. Es war eines seiner Lieblingsbücher.

Gauß versuchte zu lesen, sah jedoch schon Sekunden später auf und beklagte sich über die neumodische Lederfederung der Kutsche; da werde einem ja noch übler, als man es gewohnt sei. Bald, erklärte er, würden Maschinen die Menschen mit der Geschwindigkeit eines abgeschossenen Projektils von Stadt zu Stadt tragen. Dann komme man von Göttingen in einer halben Stunde nach Berlin. Eugen wiegte zweifelnd den Kopf.

Seltsam sei es und ungerecht, sagte Gauß, so recht ein Beispiel für die erbärmliche Zufälligkeit der Existenz, dass man in einer bestimmten Zeit geboren und ihr verhaftet sei, ob man wolle oder nicht. Es verschaffe einem einen unziemlichen Vorteil vor der Vergangenheit und mache einen zum Clown der Zukunft.
Eugen nickte schläfrig.

Sogar ein Verstand wie der seine, sagte Gauß, hätte in frühen Menschheitsaltern oder an den Ufern des Orinoko nichts zu leisten vermocht, wohingegen jeder Dummkopf in zweihundert Jahren sich über ihn lustig machen und absurden Unsinn über seine Person erfinden könne. Er überlegte, nannte Eugen noch einmal einen Versager und widmete sich dem Buch. Während er las, starrte Eugen angestrengt aus dem Kutschenfenster, um sein vor Kränkung und Wut verzerrtes Gesicht zu verbergen.

In der Deutschen Turnkunst ging es um Gymnastikgeräte. Ausführlich beschrieb der Autor Vorrichtungen, die er sich ausgedacht hatte, damit man auf ihnen herumklimmen könne. Eine nannte er Pferd, eine andere den Balken, wieder eine andere den Bock.

Der Kerl sei von Sinnen, sagte Gauß, öffnete das Fenster und warf das Buch hinaus.
Das sei seines gewesen, rief Eugen.
Genauso sei es ihm vorgekommen, sagte Gauß, schlief ein und wachte bis zum abendlichen Pferdewechsel an der Grenzstation nicht mehr auf.

Vorübungen für Inhaltsangaben

2 Lies den Text gründlich. Bearbeite folgende Aufgaben und schreibe die Antworten stichpunktartig in die folgende Mindmap.

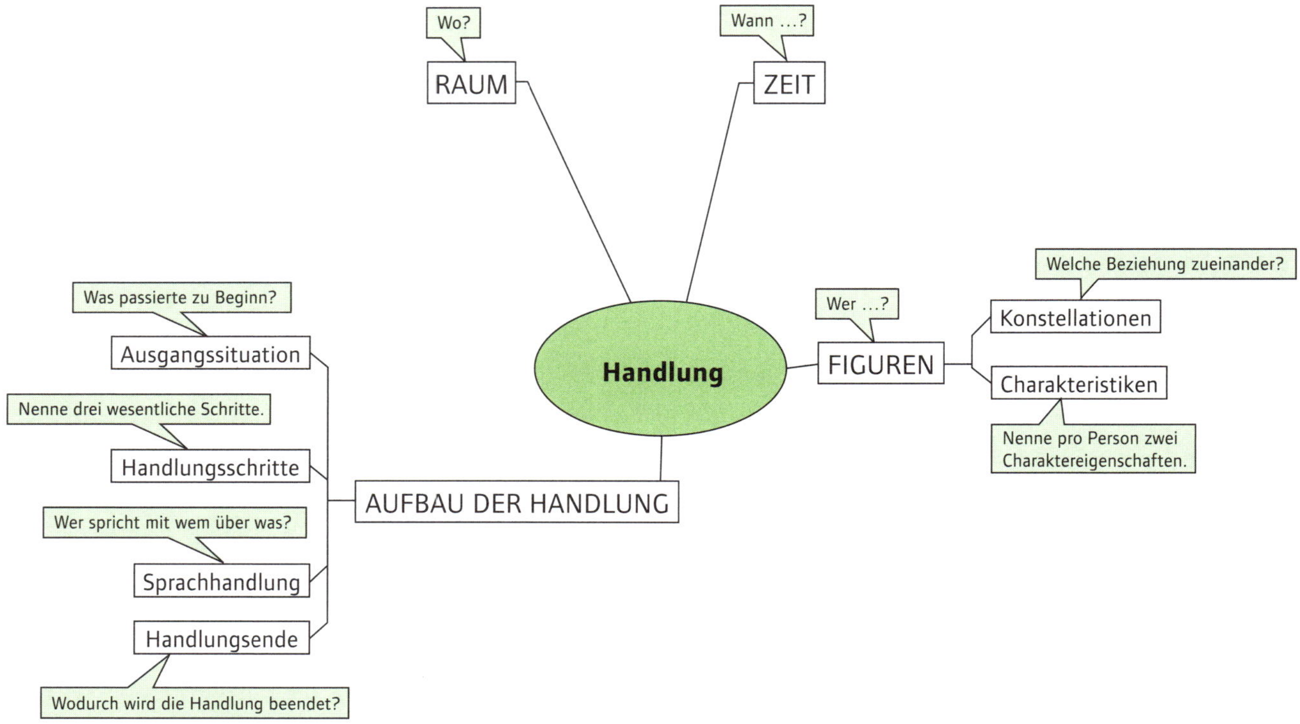

a) Wo findet das Geschehen statt?
b) Wann geschieht es?

Tipp Schaue dir den ersten Abschnitt des ersten Textes an.

c) Wer ist an diesem Geschehen beteiligt und in welcher Beziehung stehen sie zueinander?
d) Wähle je zwei Eigenschaften, die zu den jeweiligen Personen passen: schwach, wütend, sich unterordnend, gewalttätig, provozierend, kränkend, brutal, gemein, egoistisch, traurig, gedemütigt, gekränkt.
e) Gauß wird von seinem Sohn Eugen auf der Reise nach Berlin begleitet. Füge das Geschehen schrittweise in folgendes Schema ein:

Gauß verletzt seinen Sohn, indem er ihn als Versager bezeichnet und dessen Fuß mit dem Stock stößt.
↓
Gespräch über die unverheiratete Tochter
↓
____
↓
Monolog über ____________________
↓
Gauß nennt Eugen erneut einen Versager.
↓
____

Der Sohn wird erneut beleidigt. Gauß schläft ein.

Tipp Überprüfe anhand dieser Handlungsschritte deine eingeteilten Sinnabschnitte.

3 Vervollständige die Textfelder im Flussdiagramm und kennzeichne die Reihenfolge mit Pfeilen.

Beleidigung und Verletzung des Sohnes			
			Gauß beleidigt Eugen und schläft ein.

3. Schritt: Sinnabschnitte einteilen – Überschriften zuordnen – Mindmap vervollständigen

1 Lies den ersten und letzten Satz des folgenden Textes. Ziehe Schlüsse über das zeitliche Geschehen dieses Erzählausschnittes.

Die Vermessung der Welt (Teil 3)

Während die alten Pferde ab- und neue angeschirrt wurden, aßen sie Kartoffelsuppe in einer Gastwirtschaft. Ein dünner Mann mit langem Bart und hohlen Wangen, der einzige Gast außer ihnen, musterte sie verstohlen vom Nebentisch aus. Das Körperliche, sagte Gauß, der zu seinem Ärger von Turngeräten geträumt hatte, sei wahrhaftig die Quelle aller Erniedrigung. Er habe es immer bezeichnend für Gottes bösen Humor gefunden, dass ein Geist wie seiner in einen kränklichen Körper eingesperrt sei, während ein Durchschnittskopf wie Eugen praktisch nie krank werde.

Als Kind habe er schwere Pocken gehabt, sagte Eugen. Er habe es fast nicht überlebt. Hier sehe man noch die Narben!

Ja richtig, sagte Gauß, das habe er vergessen. Er wies auf die Postpferde vor dem Fenster. Eigentlich sei es nicht ohne Witz, dass reiche Leute für eine Reise doppelt so lange bräuchten wie arme. Wer Tiere der Post verwende, könne sie nach jeder Etappe austauschen. Wer seine eigenen habe, müsse warten, bis sie sich erholt hätten.

Na und, fragte Eugen.

Natürlich, sagte Gauß, komme das einem, der nicht ans Denken gewohnt sei, selbstverständlich vor. Ebenso wie der Umstand, dass man als junger Mann einen Stock trage und als alter keinen. Ein Student führe einen Knotenstock mit, sagte Eugen. Das sei immer so gewesen, und das werde so bleiben.

Vermutlich, sagte Gauß und lächelte.

Sie löffelten schweigend, bis der Gendarm von der Grenzstation hereinkam und ihre Pässe verlangte. Eugen gab ihm seinen Passierschein: ein Zertifikat des Hofes, in dem stand, dass er wiewohl Student, unbedenklich sei und in Begleitung des Vaters preußischen Boden betreten dürfe. Der Gendarm betrachtete ihn misstrauisch, prüfte den Pass, nickte und wandte sich Gauß zu. Der hatte nichts.

Gar keinen Pass, fragte der Gendarm überrascht, keinen Zettel, keine Stempel, nichts?

Er habe so etwas noch nie gebraucht, sagte Gauß. Zum letzten Mal habe er Hannovers Grenzen vor zwanzig Jahren überschritten. Damals habe er keine Probleme gehabt.

Eugen versuchte zu erklären, wer sie seien, wohin sie führen und auf wessen Wunsch. Die Naturforscherversammlung finde unter Schirmherrschaft der Krone statt. Als ihr Ehrengast sei sein Vater gewissermaßen vom König eingeladen.
Der Gendarm wollte einen Pass.
Er könne das ja nicht wissen, sagte Eugen, aber sein Vater werde verehrt in entferntesten Ländern, sei Mitglied aller Akademien, werde seit früher Jugend Fürst der Mathematiker genannt.
Gauß nickte. Man sage, Napoleon habe seinetwegen auf den Beschuss Göttingens verzichtet.
Eugen wurde blass.
Napoleon, wiederholte der Gendarm.
Allerdings, sage Gauß.
Der Gendarm verlangte, etwas lauter als zuvor, einen Pass.
Gauß legte den Kopf auf seine Arme und rührte sich nicht. Eugen stieß ihn an, doch ohne Erfolg. Ihm sei es egal, murmelte Gauß, er wolle nach Hause, ihm sei es ganz egal.
Der Gendarm rückte verlegen an seiner Mütze.

Da mischte sich der Mann am Nebentisch ein. Das alles werde enden! Deutschland werde frei sein, und gute Bürger würden unbehelligt leben und reisen, gesund an Körper und Geist, und kein Papierzeug mehr brauchen.
Ungläubig verlangte der Gendarm seinen Ausweis. Das eben meine er, rief der Mann und kramte in seinen Taschen. Plötzlich sprang er auf, stieß seinen Stuhl um und stürzte hinaus. Der Gendarm starrte ein paar Sekunden auf die offene Tür, bevor er sich fasste und ihm nachlief.
Gauß hob langsam den Kopf. Eugen schlug vor, sofort weiterzufahren. Gauß nickte und aß schweigend den Rest der Suppe.

2 Überfliege den Text und kläre Fragen zur historischen Situation.

Tipp Besetzung durch Napoleon – Befreiungskriege – studentische Verbindungen

3 Teile den Text in fünf große Sinnabschnitte ein und notiere für jeden Abschnitt am Rand die passende der hier aufgeführten Überschriften zum Abschnitt:
Gespräch mit dem Gendarm – Eugen schlägt zügige Weiterfahrt vor – Gespräche zwischen Gauß und Eugen über Körper und Geist, Arm und Reich sowie Jung und Alt – Ortsbestimmung – der Revolutionär.

4 Markiere in jedem Sinnabschnitt bis zu vier Kernaussagen.

5 Trage die Kernaussagen stichpunktartig in die Mindmap ein.

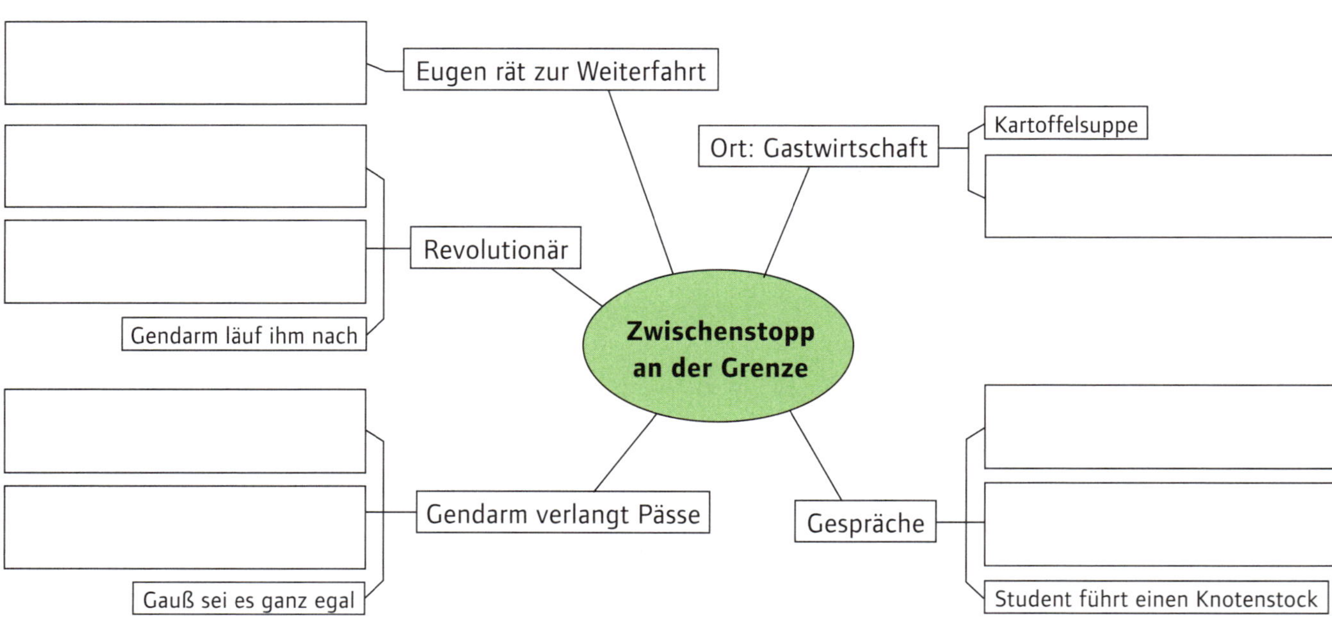

Texte zusammenfassen – ein Précis schreiben

Bei dem Précis handelt es sich um eine kurze Textzusammenfassung, die in erster Linie durch das Kürzen des Ausgangstextes entsteht. Dafür ist es notwendig, den Textinhalt zu verstehen und ihn Schritt für Schritt so zu kürzen, dass grundlegende Textaussagen bestehen bleiben. Insgesamt wird der zu bearbeitende Text so auf zirka ein Drittel gekürzt.

Text 1: Bahnwärter Thiel

Text mithilfe der W-Fragen strukturieren – Wichtiges im Text erkennen

Bahnwärter Thiel (Teil 1) *Gerhart Hauptmann*

Allsonntäglich saß der Bahnwärter Thiel in der Kirche zu Neu-Zittau, ausgenommen die Tage, an denen er Dienst hatte und krank war und zu Bette lag. Im Verlaufe von zehn Jahren war er zwei Mal krank gewesen; *das eine Mal infolge eines vom Tender einer Maschine während des Vorbeifahrens herabgefallenen Stückes Kohle, welches ihn getroffen und mit zerschmettertem Bein in den Bahngraben geschleudert hatte; das andere Mal einer Weinflasche wegen, die aus dem vorüberrasenden Schnellzuge mitten auf seine Brust geflogen war. Außer diesen beiden Unglücksfällen hatte nichts vermocht, ihn, sobald er frei war, von der Kirche fernzuhalten.* (96 Wörter)

1 Lies den Text durch. Trage die fehlenden Fragen oder Antworten in die Tabelle ein.

Wer ist Thiel?	
	Er geht jeden Sonntag in die Kirche zu Neu-Zittau.
Wann fehlte Thiel in der Kirche?	
	In zehn Jahren war er zweimal krank.
Woran war er erkrankt?	

2 Kreuze an, was du über Thiel in dem Text erfährst.

pflichtbewusst	☐	beliebt	☐
robuste Gesundheit	☐	liebt Feste und Feiern	☐
ernsthafter Mensch	☐	religiös	☐

3 Ergänze das folgende Schaubild über die grundlegenden Aussagen des Textes.

Bahnwärter Thiel geht allsonntäglich in die Kirche.

Ausnahme

1.

2. Krankheit

Erster Arbeitsunfall: Kohle fiel vom Tender und zerschmetterte sein Bein.

Zweiter Arbeitsunfall:

Texte zusammenfassen – ein Précis schreiben

4 Der Text muss um zwei Drittel gekürzt werden, sodass nur das Wichtigste stehen bleibt. Streiche im Schaubild an, welche Informationen du für unumgänglich hältst.
5 Lies den ersten Abschnitt vom Bahnwärter Thiel ohne die kursiv gedruckten Wörter. Vergleiche mit den Ergebnissen aus der vierten Aufgabe.

Textteile kürzen

Bahnwärter Thiel (Teil 2)

Die ersten fünf Jahre hatte er den Weg von Schön-Schornstein, einer Kolonie an der Spree, herüber nach Neu-Zittau allein machen müssen. Eines schönen Tages war er dann in Begleitung eines schmächtigen und kränklich aussehenden Frauenzimmers erschienen, die, wie die Leute meinten, zu seiner herkulischen Gestalt wenig gepasst hatte. Und wiederum eines schönen Sonntagnachmittags reichte er dieser selben Person am Altare bei Kirche feierlich die Hand zum Bunde fürs Leben. Zwei Jahre nun saß das junge, zarte Weib ihm zur Seite in der Kirchenbank; zwei Jahre blickte ihr hohlwangiges, feines Gesicht neben seinem vom Wetter gebräunten in das uralte Gesangbuch – und plötzlich saß der Bahnwärter wieder allein wie zuvor. (109 Wörter)

1 Lies den Textabschnitt durch und markiere die Zeit- und Ortsangaben.
2 Formuliere Fragen zu den Antworten.

Die Kirche wird als zentraler Ort des Geschehens benannt.

Nach fünf Jahren begleitete ihn eine schmächtige, kränklich aussehende Frau.

In der Kirche schlossen sie den Bund des Lebens.

Zwei Jahre saß die junge Frau neben Thiel in der Kirchenbank.

Plötzlich war er wieder allein.

3 Streiche mit dem Bleistift alle Wörter durch, die für die grundlegenden Aussagen des Textes nicht wichtig sind.
4 Zähle die übrig gebliebenen Wörter. Es dürfen nicht mehr als 36 plus/minus drei Wörter sein, da von 96 Wörtern im Text zwei Drittel gekürzt werden.
Ergänze bzw. streiche noch Wörter bei Bedarf.
5 Überarbeite deine Strichfassung unter Berücksichtigung folgender Fragen:
Werden die W-Fragen – Wer? Wo? Wann? Was? – in der Textkürzung beantwortet?
Ist der Text verständlich? Bleibt der Stil des Autors erhalten?
6 Vergleiche den folgenden Précis mit den in der vierten und fünften Aufgabe genannten Kriterien: Eines Tages war der Bahnwärter in Begleitung eines kränklich aussehenden Frauenzimmers in der Kirche erschienen. Zwei Jahre saß das zarte Weib ihm zur Seite in der Kirchenbank und plötzlich saß er wieder allein.

Texte zusammenfassen – ein Précis schreiben

Abschnittsüberschriften bilden – Erzählschritte visualisieren – Text kürzen

1 Die Fortsetzung vom Bahnwärter Thiel ist in sechs Abschnitte eingeteilt. Lies Abschnitt für Abschnitt und vervollständige die Randnotizen unter Berücksichtigung der Fragen: Wer? Wo? Was?

Bahnwärter Thiel (Teil 3)

An einem der vorangegangenen Wochentage hatte die Sterbeglocke geläutet; das war das Ganze. An dem Wärter hatte man, wie die Leute versicherten, kaum eine Veränderung wahrgenommen. Die Knöpfe seiner sauberen Sonntagsuniform waren so blank geputzt als je zuvor, seine roten Haare so wohl geölt und militärisch gescheitelt wie immer, nur dass er den breiten, behaarten Nacken ein wenig gesenkt trug und noch eifriger der Predigt lauschte oder sang, als er es früher getan hatte.

(72 Wörter)

Sterbeglocke hatte geläutet, Thiel schien fast unverändert, nur Kopf mehr als sonst gesenkt.

Es war die allgemeine Ansicht, dass ihm der Tod seiner Frau nicht sehr nahe gegangen sei; und diese Ansicht erhielt eine Bekräftigung, als sich Thiel nach Verlauf eines Jahres zum zweiten Male, und zwar mit einem dicken und starken Frauenzimmer, einer Kuhmagd aus Alte-Grund, verheiratete.

(44 Wörter)

Auch der Pastor gestattete sich, als Thiel die Trauung anzumelden kam, einige Bedenken zu äußern:

„Ihr wollt also schon wieder heiraten?“

„Mit der Toten kann ich nicht wirtschaften, Herr Prediger!“

„Nun ja wohl. Aber ich meine – Ihr eilt ein wenig.“

„Der Junge geht mir drauf, Herr Prediger.“

Thiels Frau war im Wochenbett gestorben, und der Junge, welchen sie zur Welt gebracht, lebte und hatte den Namen Tobias erhalten.

„Ach so, der Junge“, sagte der Geistliche und machte eine Bewegung, die deutlich zeigte, dass er sich des Kleinen erst jetzt erinnere. „Das ist etwas andres – wo habt Ihr ihn denn untergebracht, während Ihr im Dienst seid?“

(107 Wörter)

Thiel erzählte nun, wie er Tobias einer alten Frau übergeben, die ihn einmal beinahe habe verbrennen lassen, während er ein anderes Mal von ihrem Schoß auf die Erde gekugelt sei, ohne glücklicherweise mehr als eine große Beule davonzutragen. Das könne nicht so weitergehen, meinte er, zudem da der Junge, schwächlich wie er sei, eine ganz besondre Pflege benötige. Deswegen und ferner, weil er der Verstorbenen in die Hand gelobt, für die Wohlfahrt des Jungen zu jeder Zeit ausgiebig Sorge zu tragen, habe er sich zu dem Schritte entschlossen.

(89 Wörter)

Gegen das neue Paar, welches nun allsonntäglich zur Kirche kam, hatten die Leute äußerlich durchaus nichts einzuwenden. Die frühere Kuhmagd schien für den Wärter wie geschaffen. Sie war kaum einen halben Kopf kleiner als er und übertraf ihn an Gliederfülle. Auch war ihr Gesicht ganz so grob geschnitten wie das seine, nur dass ihm im Gegensatz zu dem des Wärters die Seele abging.

(66 Wörter)

Wenn Thiel den Wunsch gehegt hatte, in seiner zweiten Frau eine unverwüstliche Arbeiterin, eine musterhafte Wirtschafterin zu haben, so war dieser Wunsch in überraschender Weise in Erfüllung gegangen. Drei Dinge jedoch hatte er, ohne es zu wissen, mit seiner Frau in Kauf genommen: eine harte, herrschsüchtige Gemütsart, Zanksucht und brutale Leidenschaftlichkeit. Nach Verlauf eines halben Jahres war es ortsbekannt, wer in dem Häuschen des Wärters das Regiment führte. Man bedauerte den Wärter.

(72 Wörter)

Ehefrau: musterhafte Wirtschafterin im Haus, harte, herrschsüchtige Gemütsart. / Andere bedauern Thiel.

2 Gerhart Hauptmann erzählt nicht chronologisch, sondern fügt vorheriges Geschehen in seine Erzählung ein. Ergänze die einzelnen Erzählschritte im Schaubild.

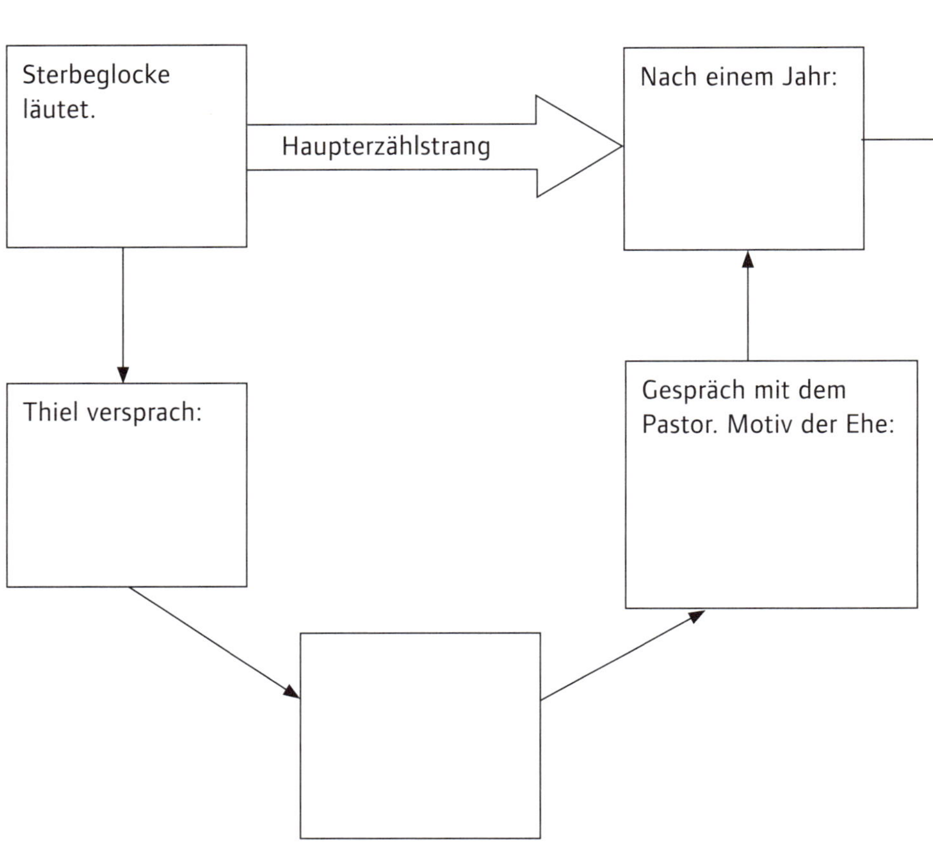

3 Berücksichtige nun bei der Kürzung des Textes die grundlegenden Aussagen des Textes. Gehe Abschnitt für Abschnitt vor und streiche zwei Drittel des Textes mit dem Bleistift durch.

Texte zusammenfassen – ein Précis schreiben

4 Lies deinen gekürzten Text.
- Ist der Text verständlich?
- Ist der Stil des Autors noch sichtbar?
- Überarbeite gegebenenfalls deine Textkürzung noch einmal.

5 Schreibe das Précis auf einem extra Blatt auf. Es ist erlaubt, kleine textliche Veränderungen vorzunehmen, wenn es der Verständlichkeit dient.
Da zwei Drittel des Textes gestrichen werden sollen, müsstest du bei 447 Wörtern den Text auf 149 plus/minus drei Wörter kürzen.

Text 2: Der Stechlin

Textinhalt zusammenfassen – Précis schreiben

Der folgende Text besteht aus drei Abschnitten, die du nacheinander bearbeitest.

Der Stechlin
Theodor Fontane

Im Norden der Grafschaft Ruppin, *hart an der mecklenburgischen Grenze*, zieht sich *von dem Städtchen Gransee bis nach Rheinsberg hin (und noch darüber hinaus) eine mehrere Meilen* lange Seenkette durch eine menschenarme, *nur hie und da mit ein paar alten Dörfern, sonst aber ausschließlich mit Förstereien, Glas- und Teeröfen besetzte* Waldung. Einer der Seen, *die diese Seenkette bilden*, heißt „der Stechlin“. Zwischen flachen, *nur an einer einzigen Stelle steil und kaiartig ansteigenden* Ufern liegt er *da, rundum von alten Buchen eingefasst, deren Zweige, von ihrer eigenen Schwere nach unten gezogen, den See mit ihrer Spitze berühren.* Hier und da wächst ein weniges von Schilf und Binden auf, aber kein Kahn zieht seine Furchen, kein Vogel singt, und nur selten, dass ein Habicht drüber hinfliegt und seine Schatten auf die Spiegelfläche wirft. Alles still hier. (136 Wörter)

1 Überfliege diesen ersten Textabschnitt und beantworte folgende Fragen:

Wer oder was? ______________________________

Wo? ______________________________

Was ist das Besondere? ______________________________

2 Kläre die unbekannten Wörter aus dem Textzusammenhang.

3 Formuliere die Kernaussage dieses Textabschnitts in einem Satz.

____

4 Welche Satzglieder bieten sich an, um gestrichen zu werden?
Ordne diese Begriffe den Beispielen zu: Attribut (Beifügung) – Attributsätze wie z. B. der Relativsatz oder ein Beifügungssatz.

Beispiel	Satzglied
…, hart an der mecklenburgischen Grenze, …	
…mit Förstereien, Glas- und Teeröfen besetzte Waldung …	
…, die diese Seenkette bilden, …	

5 Als nächstes muss der Text um ein Drittel gekürzt werden. Wenn die kursiv gedruckten Wörter aus dem Text genommen werden, bleibt noch ein Textgerüst mit 62 Wörtern. Streiche weitere vierzehn bis siebzehn Wörter aus dem unten stehenden Textgerüst:

Im Norden der Grafschaft Ruppin zieht sich eine lange Seenkette durch eine menschenarme Waldung. Einer der Seen heißt „der Stechlin". Zwischen flachen Ufern liegt er. Hier und da wächst ein weniges von Schilf und Binden auf, aber kein Kahn zieht seine Furchen, kein Vogel singt, und nur selten, dass ein Habicht drüber hinfliegt und seine Schatten auf die Spiegelfläche wirft. Alles still hier.

6 Überprüfe, ob die Kernaussage des Textabschnitts durch die Kürzung erhalten bleibt.

7 Lies den nächsten Textabschnitt gründlich durch.

Und doch, von Zeit zu Zeit wird es an ebendieser Stelle lebendig. *Das ist,* wenn es weit draußen in der Welt, *sei's auf Island, sei's auf Java*, zu rollen und zu grollen beginnt *oder gar der Aschenregen der hawaiischen Vulkane bis weit auf die Südsee hinausgetrieben wird.* Dann regt sich's auch hier, *und* ein Wasserstrahl springt auf *und sinkt wieder in die Tiefe. Das wissen alle, die den Stechlin umwohnen, und wenn sie davon sprechen, so setzen sie wohl auch hinzu: „Das mit dem Wasserstrahl, das ist nur das Kleine, das beinah Alltägliche,* wenn's *aber* draußen was Großes gibt, *wie vor hundert Jahren in Lissabon, dann brodelt's hier nicht bloß und sprudelt und strudelt*, dann steigt statt *des Wasserstrahls* ein roter Hahn auf und kräht laut in die Lande hinein." Das ist der Stechlin, der See Stechlin. (137 Wörter)

8 Welche Ereignisse deutet der Autor mit Island, Java, Hawaii und Lissabon an?

____

9 Welche Auswirkungen haben diese weit entfernten Ereignisse auf den See Stechlin? Unterstreiche die Textstellen.

10 Formuliere die Kernaussage dieses Textabschnittes.

____

____

11 Der kursiv gedruckte Textteil entspricht den gestrichenen Satzteilen. Gehe Satz für Satz durch und überlege, ob du dich dem Vorschlag anschließen kannst oder eine andere Streichung vornimmst.

12 Lies nun den letzten Textabschnitt durch. Kürze den Text sinnvoll um weitere 30 bis 36 Wörter.

Aber nicht nur der See führt diesen Namen, auch der Wald, der ihn umschließt. Und Stechlin heißt ebenso das lang gestreckte Dorf, das sich, den Windungen des Sees folgend, um seine Südspitze herumzieht. Etwa hundert Häuser und Hütten bilden hier eine lange, schmale Gasse, die sich nur da, wo eine von Kloster Wutz heranführende Kastanienallee die Gasse durchschneidet, platzartig erweitert. An ebendieser Stelle findet sich denn auch die ganze Herrlichkeit von Dorf Stechlin zusammen: das Pfarrhaus, die Schule, das Schulzenamt, der Krug, dieser letztere zugleich ein Eck- und Kramladen mit einem kleinen Mohren und einer Girlande von Schwefelfäden in seinem Schaufenster. [...] (102 Wörter)

(Der Text darf nicht der neuen Rechtschreibung angepasst werden.)

Inhaltsangabe schreiben

In der Inhaltsangabe wird das im Text dargestellte Geschehen in eigenen Worten zusammengefasst. Eine Inhaltsangabe besteht aus einer knappen **Einleitung**, einem ausführlicheren **Hauptteil** und kann mit einem **Schlusssatz** enden.

Text 1: Verschlüsselt

1. Schritt: Text verstehen – einen Einleitungssatz formulieren

Im Einleitungssatz werden der *Titel*, der *Autor* bzw. die Autorin, die *Textart*, das *Thema* (Wer? Wo? Wann? Was?) und das *Entstehungsjahr* (soweit bekannt) des Textes genannt.

Verschlüsselt

Ephraim Kishon, 1973

Zum Nachmittagstee kamen die Lustigs, die wir eingeladen hatten, und brachten ihren sechsjährigen Sohn Schragele mit, den wir nicht eingeladen hatten.

Wir saßen mit seinen Eltern beim Tee und unterhielten uns über alles mögliche, angefangen von den amerikanischen Mondflügen bis zur Krise des israelischen Theaters. Es waren keine sehr originellen Themen, und die Konversation plätscherte eher mühsam dahin. Plötzlich hörten wir – ich möchte mich gerne klar ausdrücken, ohne den guten Ton zu verletzen – hörten wir also, daß Schragele, nun ja, die Wasserspülung unserer Toilette in Betrieb setzte. An sich wäre das nichts Außergewöhnliches gewesen. Warum soll ein gesundes Kind im Laufe eines Nachmittags nicht das Bedürfnis verspüren, auch einmal ... man versteht, was ich meine ... und warum soll es nach vollzogenem Bedürfnis nicht die Wasserspülung ... wie gesagt: Das ist nichts Außergewöhnliches.

Außergewöhnlich wurde es erst durch das Verhalten der Eltern. Sie verstummten mitten im Satz, sie verfärbten sich, sie sprangen auf, sie schienen von plötzlichen Krämpfen befallen zu sein, und als Schragele in der Tür erschien, brüllten sie beide gleichzeitig: „Schragele – was war das?!“ „Der Schlüssel zum Kleiderschrank vom Onkel“, lautete die ruhig erteilte Auskunft des Knaben. Frau Lustig packte ihn an der Hand, zog ihn unter heftigen Vorwürfen in die entfernteste Zimmerecke und ließ ihn dort mit dem Gesicht zur Wand stehen. „Komm einmal her, Schragele!“ Ich rief den kleinen Tunichtgut zu mir. „Nun sag doch: Warum wirfst du alle Schlüssel ins Klo?“ „Weiß nicht“, antwortete Schragele achselzuckend. „Macht mir Freude.“

Jetzt ergriff Frau Lustig das Wort: „Wir haben sogar einen Psychiater konsultiert. Er verhörte Schragele zwei Stunden lang und bekam nichts aus ihm heraus. Mittendrin hörten wir plötzlich die Wasserspülung ... also was soll ich Ihnen viel erzählen: Schragele hatte uns eingesperrt und erst als nach stundenlangem Telefonieren ein Schlosser kam, konnten wir wieder hinaus. Der Psychiater erlitt einen Nervenzusammenbruch und mußte einen Psychiater aufsuchen.“

In diesem Augenblick erklang abermals das ominöse Geräusch. Unsere Nachforschungen ergaben, dass der Schlüssel zum Hauseingang fehlte. „Wie tief ist es bis in den Garten?“, erkundigten sich die Lustigs. „Höchstens anderthalb Meter“, antwortete ich. Die Lustigs verließen uns durch das Fenster und versprachen, einen Schlosser zu schicken.

Nachdenklich ging ich auf mein Zimmer. Nach einer Weile stand ich plötzlich auf, versperrte die Tür von außen, nahm den Schlüssel und spülte ihn die Klosettmuschel hinab. Die Sache hat etwas für sich. Macht mir Freude.

(Der Text darf nicht der neuen Rechtschreibung angepasst werden.)

Inhaltsangabe schreiben

1 Markiere bis zu fünf Schlüsselwörter pro Abschnitt.
2 Formuliere der Reihe nach für jeden Abschnitt eine Überschrift.

3 Schreibe mithilfe der Stichworte Antworten zu den Fragen: Herr und Frau Lustig, Freude am Tun, Schlüssel in der Toilette heruntergespült, Nachahmung, Zuhause, Haus durchs Fenster verlassen, Schragele, Nachmittagskaffee, Erzähler und Ehefrau.

Wer?

Wo?

Wann?

Was?

4 Überprüfe, ob die Angaben in den folgenden Einleitungssätzen vollständig und zutreffend sind. Schreibe dafür rechts an den Rand die zutreffenden Stichworte: Titel, Autor, Textart, Thema (Wer? Wo? Wann? Was?), Entstehungsjahr.

a) In der 1973 veröffentlichten Kurzgeschichte „Verschlüsselt" erzählt Ephraim Kishon von einem Besuch, bei dem der Sohn eines bekannten Ehepaares zwei Schlüssel versteckt und schließlich der Hausherr selbst einen Schlüssel in die Toilette wirft.
b) Ephraim Kishon erzählt in der Geschichte „Verschlüsselt" von einem missglückten Kaffeetrinken bei ihm zuhause.
c) In der von Ephraim Kishon 1973 verfassten Kurzgeschichte „Verschüsselt" wird von einem Nachmittagsbesuch bei dem Erzähler erzählt, bei dem der sechsjährige Gast Schragele Lustig zwei Schlüssel in der Toilette versenkt, was den Hausherrn motiviert, es ihm mit Freude nachzumachen.

Text 2: Roman eines Schicksallosen

Roman eines Schicksallosen

Imre Kertész, 1975

Heute war ich nicht in der Schule. Das heißt doch, ich war da, aber nur, um mir vom Klassenlehrer freigeben zu lassen. Ich habe ihm das Schreiben meines Vaters überbracht, in dem er wegen ‚familiärer Gründe' um meine Freistellung nachsucht. Der Lehrer hat gefragt, was das für familiäre Gründe seien. Ich habe gesagt, mein Vater sei zum Arbeitsdienst einberufen worden; da hat er weiter keine Schwierigkeiten gemacht. Ich bin losgeeilt, aber nicht nach Hause, sondern gleich zu unserem Geschäft. Mein Vater hatte gesagt, sie würden mich dort erwarten. Er hatte noch hinzugefügt, ich solle mich beeilen, vielleicht würden sie mich brauchen. Eigentlich hat er mir gerade darum freigeben lassen. Oder vielleicht, um mich ‚an diesem letzten Tag an seiner Seite zu wissen', bevor er ‚seinem Zuhause entrissen wird': denn auch das hat er gesagt, allerdings, ja, zu einem anderen Zeitpunkt. Er hat es, wenn ich mich recht erinnere, zu meiner Mutter gesagt, als er am Morgen mit ihr telefonierte. Es ist nämlich Donnerstag, und an diesem Tag und sonntags hat streng genommen meine Mutter Anrecht auf meinen Nachmittag. Doch mein Vater hat ihr mitgeteilt: ‚Es ist mir heute nicht möglich, Gyurka zu dir hinüberzulassen' und hat das dann so begründet. Oder vielleicht doch nicht. Ich war heute morgen ziemlich müde, wegen des Fliegeralarms in der Nacht, und erinnere mich vielleicht nicht richtig. Aber dass er es gesagt hat, da bin ich sicher. Wenn nicht zu meiner Mutter, dann zu jemand anderem. Ich habe dann mit meiner Mutter ebenfalls ein paar Worte gewechselt, worüber, das weiß ich nicht mehr. Ich glaube, sie war mir dann auch ein wenig böse, denn wegen der Anwesenheit meines Vaters blieb mir nichts anderes übrig, als mit ihr etwas kurz angebunden zu sein: schließlich muss ich mich heute nach ihm richten. Als ich schon im Begriff war aufzubrechen, hat auch meine Stiefmutter noch ein paar vertrauliche Worte an mich gerichtet, im Flur, unter vier Augen. Sie hat gesagt, sie hoffe an diesem für uns so traurigen Tag bei mir ‚mit einem angemessenen Verhalten rechnen zu können'. Ich wusste nicht, was ich da hätte sagen sollen, und so habe ich nichts gesagt. Aber vielleicht legte sie mein Schweigen falsch aus, denn sie hat gleich etwas hinzugefügt, in dem Sinn, dass sie mir keineswegs zu nahe treten wollte mit dieser Ermahnung, die – das wisse sie – sowieso unnötig sei. Denn sie zweifle ja nicht daran, dass ich als fast fünfzehnjähriger großer Junge selbst fähig sei, die Schwere des uns ereilenden Schicksalsschlages zu ermessen, so hat sie sich ausgedrückt. Ich habe genickt. Mehr brauchte es auch nicht, wie ich gemerkt habe. Sie hat noch eine Bewegung mit den Händen in meine Richtung gemacht, so dass ich schon Angst hatte, sie wolle mich vielleicht umarmen. Das hat sie dann doch nicht getan und nur tief geseufzt, mit einem langen, bebenden Atemzug. Ich habe gesehen, dass ihr auch die Augen feucht wurden. Es war unangenehm. Dann durfte ich gehen.

Von der Schule bis zu unsrem Geschäft bin ich marschiert. Es war ein klarer, lauer Morgen – dafür, dass der Frühling erst anfängt. Ich hätte mir gern den Mantel aufgeknöpft, habe es mir aber dann anders überlegt: im leichten Gegenwind könnte das Revers zurückklappen und den gelben Stern verdecken, was gegen die Vorschrift wäre. […]

1 Teile den Text in Sinnabschnitte ein.
2 Markiere für jeden Abschnitt bis zu fünf Schlüsselwörter.
3 Lies den Text gründlich durch und formuliere die Fragen zu den vorgegebenen Antworten.

______________________________	Gyurka ist der fünfzehnjährige Sohn des jüdischen Geschäftsmannes und Ich-Erzähler.
______________________________	Die Mutter, Stiefmutter und der Lehrer werden als weitere Personen genannt.
______________________________	Es war Frühling und gleichzeitig Zweiter Weltkrieg, denn nachts war Fliegeralarm.
______________________________	Der Vater ahnt, dass dies der letzte Tag mit seinem Sohn werden würde, weil er zum Arbeitsdienst eingezogen wird.

4 Ergänze weitere Informationen an den Zweigen in der Mindmap.

5 Schreibe die Informationen auf, die du für die Einleitung brauchst.

Titel? ______

Name des Autors? ______

Textart? ______

Erscheinungsjahr? ______

6 Was geschieht an diesem beschriebenen Tag? Wähle eine für dich zutreffende Aussage aus oder formuliere selbst das Geschehen am Romananfang.

- Aus der Sicht des Sohnes wird der Beginn des Tages beschrieben, an dem der jüdische Vater ins Arbeitslager muss; dadurch wird dem Leser vermittelt, wie sich Angst und Ohnmacht in dieser jüdischen Familie ausbreiten.
- Angst, Ohnmacht und Sprachlosigkeit während des Nazi-Regimes werden am Beispiel des bevorstehenden Abtransports des jüdischen Vaters ins Arbeitslager offenbar.
- Aus Sicht des Sohnes wird von dem Tag erzählt, als der jüdische Vater ins Arbeitslager muss. Trauer, Hilflosigkeit und Ausgeliefertsein bestimmen das Geschehen dieses Tages.
- ______

7 Trage die Informationen zusammen und formuliere die Einleitung. Wähle dazu eine der vorgeschlagenen Formulierungen.

- Der Beginn des Romans … von … erstmalig erschienen im Jahr … handelt von …
- In dem Romananfang … erstmalig erschienen im Jahr … von … geht es um …
- Der erstmalig im Jahr … erschienene Roman … von … beginnt mit der Beschreibung …

______

Text 3: Ein perfekter Freund

Ein perfekter Freund
Martin Suter, 2002

Seine Hand spürte das Gesicht, aber sein Gesicht spürte die Hand nicht. Fabio Rossi ließ sie wieder auf die Bettdecke sinken und versuchte, dorthin zurückzukehren, wo er sich eben noch befunden hatte. An den Ort ohne Gefühle, Geräusche, Gedanken und Gerüche. Es war vor allem der Geruch, der ihn davon abhielt, die Augen zu öffnen. Er roch nach Krankenhaus. Er würde noch früh genug erfahren, weshalb er hier war. Das nächste, was durch das Dunkel drang, war eine Stimme. „Herr Rooossi", rief sie, wie vom andern Ufer eines Flusses. So weit weg, dass er sie ignorieren konnte, ohne unhöflich zu erscheinen.

Die Geräusche entfernten sich, aber der Geruch blieb. Er wurde intensiver mit jedem Atemzug. Fabio wollte durch den Mund atmen. Es war ihm, als ob er ihn nur zur Hälfte öffnen könnte. Er betastete ihn. Wieder das gleiche Gefühl: Die Finger spürten die Lippen, aber die Lippen die Finger nicht. Doch der Mund war offen. Er konnte seine Zähne berühren. Auch sie waren gefühllos, jedenfalls die auf der rechten Seite. Seine linke Gesichtshälfte fühlte sich normal an. Sein Oberkörper ebenfalls. Er konnte auch die Füße bewegen und spürte die Bettdecke an seinen Zehen. Er tastete seinen Arm ab. Am linken Vorderarm stieß er auf ein Heftpflaster, dann auf einen Infusionsschlauch.

Fabio spürte Panik hochkommen. Aber noch immer weigerte er sich, die Augen zu öffnen. Zuerst musste er sich erinnern, weshalb er im Krankenhaus lag. Er befühlte seinen Kopf. Die Haare auf der fremden Hälfte fühlten sich seltsam an. Wie eine Mütze. Ein Verband? Auch auf der linken Seite stimmte etwas nicht. Am Hinterkopf klebte ein Pflaster über einer schmerzenden Stelle. Hatte man ihn am Kopf operiert? Hatte man ihm einen Tumor entfernt? Und mit ihm die Erinnerung daran, dass er einen gehabt hatte? Er riss die Augen auf. Der Raum war abgedunkelt. Er konnte eine Infusionsflasche erkennen, die neben dem Bett an einem verchromten Ständer hing. An der Wand stand ein Tisch mit einem Blumenstrauß, darüber ein Kruzifix. Über seinem Kopf hing ein Haltegriff. Ein Kabel wand sich darum mit einer Klingel, auf die er jetzt panisch drückte. Nach einer Ewigkeit wurde die Tür geöffnet. Eine Gestalt zeichnete sich im Neonlicht des Ganges ab, näherte sich, knipste eine Nachttischlampe an. […]

1 Lies den Text durch und trage die Antworten in die jeweilige Schicht der Pyramide.

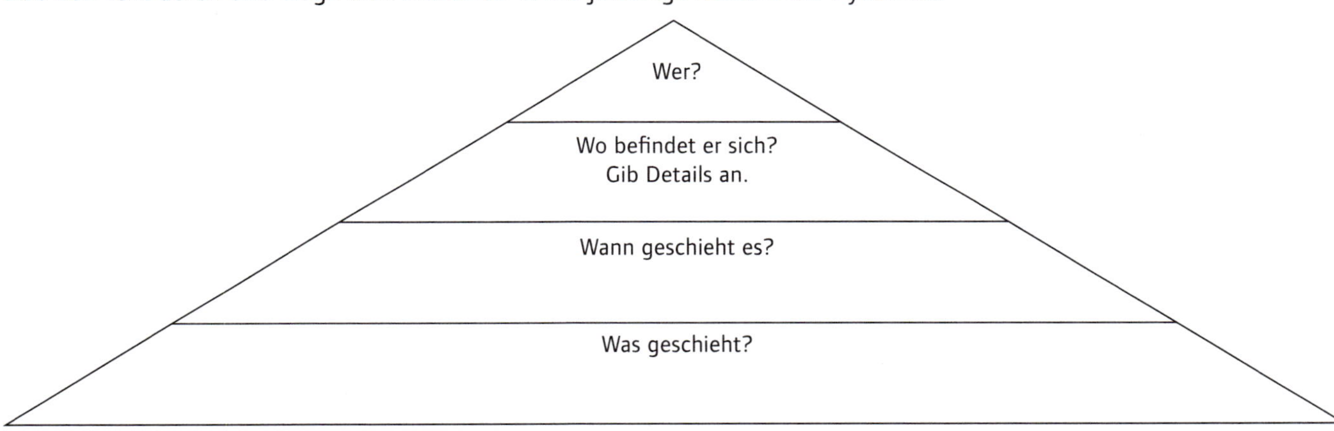

2 Schreibe den Einleitungssatz.

2. Schritt: Text verstehen – Hauptteil und Schluss erarbeiten

Im **Hauptteil** werden die Kernaussagen des Originaltextes kurz wiedergegeben.
Dafür gelten folgende Regeln:

- Formuliere den Text in **eigenen Worten**. Es werden **keine Zitate** verwendet.
- Gib **wesentliche Textaussagen** verständlich und doch knapp wieder.
- Schreibe **sachlich** und vermeide einen Spannungsaufbau.
- Gib den Text in der richtigen **zeitlichen Reihenfolge** (chronologisch) wieder.
- Verwende **keine wörtliche Rede**; du kannst Gesagtes zusammenfassen oder in indirekter Rede wiedergeben.
- Verwende das **Präsens** als Zeitform; vorzeitiges Geschehen steht im Perfekt.

Text 4: Mein Onkel Fred

Text verstehen – Inhaltsangabe wählen – Schlusssatz ergänzen

1 Lies den Text gründlich durch.

Mein Onkel Fred

Heinrich Böll, 1951

Mein Onkel Fred ist der einzige Mensch, der mir die Erinnerung an die Jahre nach 1945 erträglich macht. Er kam an einem Sommernachmittag aus dem Kriege heim, schmucklos gekleidet, als einzigen Besitz eine Blechbüchse an einer Schnur um den Hals tragend sowie beschwert durch das unerhebliche Gewicht einiger Kippen, die er sorgfältig in einer kleinen Dose aufbewahrte. Er umarmte meine Mutter, küsste meine Schwester und mich, murmelte die Wort „Brot, Schlaf, Tabak" und rollte sich auf unser Familiensofa, und so entsinne ich mich seiner als eines Menschen, der bedeutend länger war als unser Sofa, ein Umstand, der ihn zwang, seine Beine entweder anzuwinkeln oder sie einfach überhängen zu lassen.

Er war früher Buchhalter gewesen, und als die ersten vier Wochen auf unserem Sofa vorüber waren, forderte meine Mutter ihn mit schwesterlicher Sanftmut auf, sich nach seiner alten Firma zu erkundigen – er gab diese Aufforderung behutsam an mich weiter, aber alles, was ich ermitteln konnte, war ein absoluter Trümmerhaufen von zirka acht Meter Höhe, den ich nach einstündiger mühsamer Pilgerschaft in einem zerstörten Stadtteil auffand. Onkel Fred war über das Ergebnis meiner Ermittlung sehr beruhigt.

Er lehnte sich zurück, drehte sich eine Zigarette, nickte meiner Mutter triumphierend zu und bat sie, seine Habseligkeiten herauszusuchen. In einer Ecke unseres Schlafraumes fand sich eine sorgfältig vernagelte Kiste, die wir unter großer Spannung mit Hammer und Zange öffneten; es kamen heraus: zwanzig Romane mittleren Umfangs und mittlerer Qualität, eine goldene Taschenuhr, verstaubt, aber unbeschädigt, zwei Paar Hosenträger, einige Notizbücher, das Diplom der Handelskammer und ein Sparkassenbuch über zwölfhundert Mark. Das Sparkassenbuch wurde mir zum Abholen des Geldes, alles andere zum Verscheuern übergeben, einschließlich des Diploms von der Handelskammer, das aber keinen Abnehmer fand, weil Onkel Freds Name mit schwarzer Tusche geschrieben war.

Aber das Ereignis in dieser Zeit war die Tatsache, dass Onkel Fred gut acht Wochen nach seiner erfreulichen Heimkehr die Initiative ergriff. Er erhob sich an einem Spätsommertag morgens von seinem Sofa, rasierte sich so umständlich, dass wir erschraken, verlangte saubere Wäsche, lieh sich mein Fahrrad und verschwand.

Seine späte Heimkehr stand unter dem Zeichen großen Lärms und eines heftigen Weingeruchs; der Weingeruch entströmte dem Munde meines Onkels, der Lärm rührte von einem halben Dutzend Zinkeimern, die er mit einem großen Seil zusammengebunden hatte. Unsere Verwirrung legte sich erst, als wir erfuhren, dass er entschlossen sei, den Blumenhandel in unserer arg zerstörten Stadt zum Leben zu erwecken. Meine Mutter, voller Misstrauen gegen die neue Wertwelt, verwarf den Plan und behauptete, für Blumen bestehe kein Bedürfnis. Aber sie täuschte sich.

Es war ein denkwürdiger Morgen, als wir Onkel Fred halfen, die frisch gefüllten Eimer an die Straßenbahnhaltestelle zu bringen, wo er sein Geschäft startete. Und ich habe den Anblick der gelben und roten Tulpen, der feuchten Nelken noch heute im Gedächtnis und werde nie vergessen, wie schön er aussah, als er inmitten der grauen Gestalten und der Trümmerhaufen stand und mit schallender Stimme anfing zu rufen: „Blumen ohne!" Über die Entwicklung seines Geschäftes brauche ich nichts zu sagen: sie war kometenhaft. Schon nach vier Wochen war er Besitzer von drei Dutzend Zinkeimern, Inhaber zweier Filialen, und einen Monat später war er Steuerzahler. Die ganze Stadt schien mir verändert: an vielen Ecken tauchten nun Blumenstände auf, der Bedarf war nicht zu decken; immer mehr Zinkeimer wurden angeschafft, Bretterbuden errichtet und Karren zusammengezimmert. […]

Inhaltsangabe schreiben

2 Lies Abschnitt für Abschnitt und fasse jeweils den Inhalt in einem Satz zusammen.

1. Abschnitt: ______________________________

2. Abschnitt: ______________________________

3. Abschnitt: ______________________________

4. Abschnitt: ______________________________

5. Abschnitt: ______________________________

6. Abschnitt: ______________________________

3 Lies noch mal alle Sätze der zweiten Aufgabe, die du geschrieben hast. Unterstreiche die Informationen, auf die nicht verzichtet werden kann.

4 Lies die drei folgenden Texte. Kreuze an, welcher Text die Anforderungen einer Inhaltsangabe (Hauptteil) für diese Geschichte erfüllt.

☐ a) Nachdem Onkel Fred aus dem Krieg heimgekehrt ist, verbringt er seine Zeit wochenlang auf dem Sofa. Seine Schwester fordert ihn auf, sich aktiv nach seinem ehemaligen Arbeitsplatz zu erkundigen, was allerdings dann sein Neffe für ihn erledigen muss. Seine Habseligkeiten lässt sich Onkel Fred bringen, die der Neffe abgesehen von dem Sparbuch verkaufen soll. Nach acht Wochen tritt die Wende ein und Onkel Fred steht vom Sofa auf, rasiert sich, kleidet sich sauber und fährt mit dem Fahrrad des Neffen davon.

☐ b) Der Neffe erzählt, wie sein Onkel Fred 1945 aus dem Krieg heimkehrt und wochenlang auf dem Sofa liegt. Zwischenzeitlich muss der Neffe für den Onkel einiges erledigen wie z. B. seine Habseligkeiten verkaufen oder sich nach der ehemaligen Arbeitsstätte erkundigen. Nach acht Wochen wird Onkel Fred aktiv und fährt sauber gekleidet mit dem Fahrrad des Neffen davon. Als er später wiederkommt, hat er sechs Zinkeimer dabei, mit denen er einen Blumenstand eröffnen will. Mit seiner Geschäftsidee ist er so erfolgreich, dass er weitere Filialen führt und Steuerzahler wird.

☐ c) Die Geschichte handelt von Onkel Fred, der 1945 aus dem Krieg heimkehrt und auf seine Schwester und seinen Neffen trifft. Onkel Fred nimmt wochenlang das Sofa ein; jedoch seine Schwester fordert ihn nach vier verstrichenen Wochen auf, sich doch nach seiner alten Arbeitsstätte zu erkundigen. Diese Aufgabe gibt Onkel Fred an seinen Neffen weiter. Auch den Verkauf seiner Habseligkeiten delegiert er vom Sofa aus an ihn. Endlich wird Onkel Fred nach acht Wochen aktiv und macht sich frisch rasiert und sauber gekleidet auf den Weg. Spät kommt er mit einer Weinfahne und sechs klappernden Zinkeimern wieder. Mit diesen Eimern eröffnet er ein Blumengeschäft, obwohl seine Schwester den Erfolg bezweifelt. Sein Geschäft entwickelt sich kometenhaft und nach kurzer Zeit besitzt er zwei Filialen und zahlt Steuern.

Inhaltsangabe schreiben

Zur Inhaltsangabe gehören der Einleitungssatz und der Hauptteil. In einem abschließenden Schlusssatz kann die Textaussage auf den Punkt gebracht werden, damit erhält der **Schlusssatz** einen deutenden Charakter.

5 Wähle aus, welcher Schlusssatz passt.
- Die Geschichte zeigt, wie man nach dem Krieg Geld verdienen konnte.
- Mit dieser humorvollen Erzählung gelingt es Böll, ein positives Beispiel für den Wiederaufbau nach 1945 zu zeigen.
- Böll zeigt in dieser Erzählung, dass aus dem Krieg wiedergekehrte Menschen sich völlig dem Alltagsleben entziehen.

6 Formuliere einen Einleitungssatz zum Text „Mein Onkel Fred".

Text 5: Effi Briest

Text verstehen – wörtliche Rede umformen – Inhaltsangabe schreiben

Effi Briest (Textausschnitt)
Theodor Fontane, 1896

Vorgeschichte: Der achtunddreißigjährige Baron Geert von Innstetten hat sich mit der jugendlichen Effi von Briest verlobt. Effis Mutter und Innstetten schwärmten füreinander in Jugendjahren; sie heiratete jedoch den wesentlichen älteren von Briest.

[…] „Aber jedenfalls ist es an der Zeit, endlich zu wissen, was er schreibt … du hast ja den Brief noch in der Tasche."

„Richtig. Den hätt' ich fast vergessen." Und sie öffnete den Brief und überflog ihn.

„Nun, Effi, kein Wort? Du strahlst nicht und lachst nicht einmal. Und er schreibt doch immer so heiter und unterhaltlich und gar nicht väterlich weise."

„Das würd' ich mir auch verbitten. Er hat sein Alter, und ich habe meine Jugend. Und ich würde ihm mit den Fingern drohen und ihm sagen: ‚Geert, überlege, was besser ist'."

„Und dann würde er dir antworten: ‚Was du hast, Effi, das ist das Bessere.' Denn er ist nicht nur ein Mann der feinsten Formen, er ist auch gerecht und verständig und weiß recht gut, was Jugend bedeutet. Er sagt sich das immer und stimmt sich auf das Jugendliche hin, und wenn er in der Ehe so bleibt, so werdet ihr eine Musterehe führen."

„Ja, das glaube ich auch, Mama. Aber kannst du dir vorstellen, und ich schäme mich fast, es zu sagen, ich bin nicht so sehr für das, was man Musterehe nennt."

„Das sieht dir ähnlich. Und nun sage mir, wofür bist du denn eigentlich?"

„Ich bin … nun, ich bin für gleich und gleich und natürlich auch für Zärtlichkeit und Liebe. Und wenn es Zärtlichkeit und Liebe nicht sein können, weil Liebe, wie Papa sagt, doch nur ein Papperlapap ist (was ich aber nicht glaube), nun, dann bin ich für Reichtum und ein vornehmes Haus, ein *ganz* vornehmes, wo Prinz Friedrich Karl zur Jagd kommt, auf Elchwild oder Auerhahn, oder wo der alte Kaiser vorfährt und für jede Dame, auch für die jungen, ein gnädiges Wort hat. Und wenn wir dann in Berlin sind, dann bin ich für Hofball und Galaoper, immer dicht neben der großen Mittelloge."

„Du sagst das bloß aus Übermut und Laune?"

„Nein, Mama, das ist mein völliger Ernst. Liebe kommt zuerst, aber gleich hinterher kommt Glanz und Ehre, und dann kommt Zerstreuung – ja, Zerstreuung, immer was Neues, immer was, dass ich lachen oder weinen muss. Was ich nicht aushalten kann, ist Langeweile."

1 Lies den Text gründlich durch und teile ihn in Sinnabschnitte.

2 Lies nun Abschnitt für Abschnitt und fasse jeweils den Inhalt in einem Satz zusammen.

3 Der Text besteht zum größten Teil aus wörtlicher Rede.
Vermerke am Rand die jeweilige Sprecherin: E für Effi und M für Effis Mutter.

4 Lies Redeteil für Redeteil und markiere die Schlüsselwörter.

5 Nenne Effis Ideal der Ehe in Stichpunkten:

6 Ergänze stichpunktartig:
Falls die Liebe nur Papperlapap (= Unsinn) ist, wie es Effis Vater sieht, dann wünscht sich Effi Ersatz, nämlich …

7 Kreuze in der nächsten Aufgabe unter den Aufzählungspunkten a) bis h) an, welche Textaussagen wichtig und weniger wichtig sind.

8 Nummeriere die wichtigen Aussagen in der Reihenfolge, wie sie in der Inhaltsangabe stehen sollen. Begrenze dich möglichst auf fünf Aussagen.

a) Effi liest Innstettens Brief nach Aufforderung der Mutter.
wichtig ☐ weniger wichtig ☐ Nr. ____

b) Effi schweigt, nachdem sie den Brief gelesen hat.
wichtig ☐ weniger wichtig ☐ Nr. ____

c) Nachdem Effi Instettens Brief gelesen hat, spricht sie mit ihrer Mutter über den Verlobten.
wichtig ☐ weniger wichtig ☐ Nr. ____

d) Frau Briest schätzt Instetten als jemand ein, der sich nicht nur gut benehmen kann, sondern auch Verständnis für die jugendliche Effi hat.
wichtig ☐ weniger wichtig ☐ Nr. ____

e) Effi möchte keine Musterehe führen.
wichtig ☐ weniger wichtig ☐ Nr. ____

f) Effi wünscht sich einen gleichberechtigten Umgang in der Ehe sowie Zärtlichkeiten und Liebe.
wichtig ☐ weniger wichtig ☐ Nr. ____

g) Wenn die Liebe in der Ehe ausbliebe, sollen ein luxuriöses Leben in höchsten Adelskreisen als Ersatz dienen.
wichtig ☐ weniger wichtig ☐ Nr. ____

h) Am meisten fürchtet Effi die Langeweile in der Ehe.
wichtig ☐ weniger wichtig ☐ Nr. ____

9 Verfasse mit den gewählten Aussagen einen flüssigen Text.

10 Schreibe einen Schlusssatz. Ergänze dafür eine der vorgegebenen Formulierungen.
Das Gespräch zwischen Mutter und Tochter zeigt, ... / Es wird in dem Gespräch deutlich ...

Text 6: Osten

Text verstehen – zeitliche Reihenfolge ordnen – Inhaltsangabe ergänzen

Osten (Textauszug)
Daniel Kehlmann, © Rowohlt Verlag 2009

Woher hätte sie wissen sollen, dass es hier heiß war? In ihrer Fantasie hatte sie Bilder verschneiter Steppen gesehen, über die der Eiswind zog, wirbelnden Schnee, Nomaden vor Zelten, Yaks und nächtliche Lagerfeuer unter gewaltigen Sternenhimmeln. Tatsächlich aber roch es nach Baustellen, Autos hupten, und die Sonne brannte. Eine Fliege schwirrte um ihren Kopf. Nirgendwo ein Geldautomat. Gestern in ihrer Bank hatte die Schalterfrau gelacht: Solche Währungen führe man nicht, sie solle es vor Ort versuchen.

Jetzt stand sie hier, im Benzingeruch, nach einem endlosen Flug durch die Nacht. Neben ihr hatte ein riesiger Mann gesessen und die ganze Zeit über geschnarcht. Immer wenn seine Hand auf ihren Schoß gefallen war, hatte sie sich gefragt, warum in aller Welt sie sich bereit erklärt hatte, einzuspringen und diese Reise zu machen. Aber sie war neugierig gewesen auf einen fernen Teil des Planeten, und so hatte sie kurz entschlossen Ja gesagt.

Wenig später war mit der Post ein Flugticket gekommen. Der Begleitbrief, in schlechtem Englisch, trug ein goldenes Siegel, das entweder einen fliegenden Vogel oder einen Sonnenaufgang oder auch einen Mann mit Hut darstellte. Dann hatte sie zur Botschaft gehen müssen – drei Zimmer in einem Mietshaus am Stadtrand – wo ein uniformierter Mann schweigend einen Visumstempel in ihren Pass gedrückt hatte.

Ihre Haare waren jetzt schweißverklebt. Sie musterte ihr Spiegelbild in der schmutzigen Glaswand des Terminals: eine kleine, rundliche Frau Mitte vierzig, die sehr erschöpft aussah. Sie war immer neugierig gewesen, aber mit Belastungen kam sie nicht gut zurecht. Am liebsten saß sie daheim in ihrem kühlen Arbeitszimmer, den Garten vor dem Fenster und eine Tasse Tee neben sich. Dann kamen die Einfälle, dann konnte sie sich konzentrieren, dann war sie in der Lage, sich die verwickelten Geheimnisse auszudenken, die ihr melancholischer Detektiv, Kommissar Regler, zu lösen hatte. Ihre Krimis verkaufen sich gut, sie erhielt viele Briefe von Lesern. Sie liebte ihren Mann, und ihr Mann liebte sie. Ihr Leben war in Ordnung. Musste sie sich wirklich solche Reisen zumuten? Eine Hand legte sich auf ihre Schulter, erschrocken drehte sie sich um. Neben ihr stand ein Mann in einem fleckigen Anzug. Auf einem Pappschild in seiner Hand war in ungelenken Buchstaben ihr Name geschrieben. „Ja, das bin ich!“

1 Lies den Text gründlich durch. Setze Striche zwischen den verschiedenen Zeitabschnitten.

Inhaltsangabe schreiben

2 Nummeriere die Zeitabschnitte in chronologischer Reihenfolge.
3 Trage die Informationen, die du erhältst, stichwortartig in die Tabelle ein.

Ort	Informationen
Zuhause	Allgemeines zur Lebenssituation der Schriftstellerin:
Zuhause	Entschluss zur Reise:
Zuhause	Vorstellungen von dem Reiseland:
Zuhause	Reisevorbereitungen:
im Flugzeug	Erfahrungen und Gedanken:
auf dem Zielflughafen	Eindrücke und neue Erfahrungen:

4 Unterstreiche die Informationen, die von zentraler Bedeutung für die Inhaltsangabe sind.
5 Setze nun die Inhaltsangabe fort:
In dem Textauszug „Osten" von Daniel Kehlmann aus dem Jahr 2009 geht es um eine Schriftstellerin, die ihr geregeltes, bequemes Leben hinter sich lässt und sich auf den Weg in ein fernes Land begibt. Die Mittvierzigerin sagt zu, diese Reise stellvertretend für einen anderen anzutreten. Mit dem Reiseziel verbindet sie die Vorstellung vom ländlichen, nomadischen Leben unter freiem Himmel bei Minusgraden. Sie erhält ihr Visum in der bescheidenen Botschaft in Deutschland sowie ein Flugticket für die anstehende Reise. Ausgelöst durch die strapaziöse Enge während des Fluges kommen ihr Zweifel an ihrem Entschluss diese Reise zu unternehmen.

6 Ergänze den Schlusssatz. Diese Geschichte zeigt

Text 7: Stasi-Besuch in Halle

3. Schritt: Text verstehen – Inhaltsangabe schreiben

Mit folgenden Werkzeugen hast du bisher gelernt,
Wichtiges in einem Text zu erkennen und zusammenzufassen.

- W-Fragen stellen
- Kernaussagen unterstreichen
- Schlüsselwörter markieren
- Abschnitte zusammenfassen
- Überschriften für Abschnitte formulieren
- Inhalt in einem Schaubild oder einer Mindmap darstellen

Inhaltsangabe schreiben

1 Lies den ersten Textteil gründlich. Wähle ein passendes Werkzeug, um Wichtiges von Unwichtigem in diesem Text zu unterscheiden.

Stasi-Besuch in Halle (Teil 1)
Ekkehart Rudolph, 1989

Carla und Worch übernachteten im Wohnzimmer auf einer zweischläfrigen Klappcouch. Sie frühstückten mit dem Ehepaar Gerlach, danach musste der Professor ins Institut, obwohl Samstag war. Worch war das recht. Er wollte Carla allein durch die Stadt führen.

Als erstes mussten sie zur Bank, um ordnungsgemäß Westgeld gegen DDR-Mark einzutauschen, danach ins Polizeipräsidium. Nachdem sie sich die Aufenthaltsberechtigungen sowie die Visa zur Ausreise in die Pässe hatten stempeln lassen, standen sie auf dem Hallmarkt. Gegen fünf kamen sie erschöpft in der Blumenstraße an ... Beim Abendessen klingelte es ... Es klingelte wieder, gleich zweimal hintereinander. Beide Gerlachs, die Blicke immer noch aufeinander gerichtet, erhoben sich zugleich. „Gehst du?“ „Lieber du ...“ Gerlach fuhr sich mit der Hand über die kahle Fläche seines Kopfes, dann schloss er den mittleren Knopf seiner Jacke und verließ das Zimmer. Als er wiederkam, war er in Begleitung eines Mannes in mittlerem Alter, der in hallescher Mundart lebhaft auf Gerlach einredete: „... will ganz bestimmt nicht stören, nur mal kurz den Westbesuch ... Das wird ja sicher möglich sein ...“ Während der Mann mit leichten Verbeugungen auf den Esstisch zusteuerte, war Gerlach in der Tür stehen geblieben und sagte verkniffen: „Familienbesuch.“ „Ist doch schön“, sagte Carla, die den Begriff wörtlich nahm. Worch kannte seinen Doppelsinn. Ihm war unwohl, aber das ließ er sich nicht anmerken. Frau Gerlach war aufgestanden und gab dem Mann zerstreut die Hand. „Roland mein Name“, sagte der, „sehr angenehm.“ Frau Gerlach antwortete nicht. Sie nahm ihren Teller und den von Worch. Der Mann winkte heftig ab: „Nee, nee lassen Se man! Se wer'n doch nicht ...Ich halte Sie bestimmt nicht auf.“ Er war untersetzt, trug einen grauen Anzug, die Jacke offen. Das Gesicht ausdruckslos. Die Fröhlichkeit, die er zur Schau trug, wirkte gemacht. „Da is' er ja“, sagte er zu Worch, „jedenfalls nehme ich doch an ... Sie gestatten: Roland. – Sehr angenehm.“ Er streckte die Hand über den Tisch.

Worch nickte, übersah die Hand, aber der Mann zog sie nicht zurück, er hielt sie ausgestreckt und winkte sogar leicht mit den Fingern. Das war Worch peinlich. Er wollte den Mann nicht brüskieren und gab ihm nun doch seine Hand, worüber er sich sofort ärgerte. Ihm fiel ein, dass der Stasi-Mann, der ihn vor fünfundzwanzig Jahren zu Spitzeldiensten hatte erpressen wollen, sich auch Roland genannt hatte. Dass der hier den gleichen Namen benutzte, war sicher kein Zufall: Worch sollte wissen, dass man sich erinnerte.

2 Kläre die Bedeutung der folgenden Wörter: Stasi, DDR-Mark, Familienbesuch (in diesem Zusammenhang).

3 Ergänze die Informationen.

Person	Berufliches / Tagesablauf / Verhalten
Worch vor 25 Jahren	– lehnt Spitzeldienste ab – ein Mann namens Roland will ihn erpressen

Worch heute	– besucht gemeinsam mit Carla die Gerlachs – tauschen Westgeld gegen DDR-Mark
Carla	– verbringt mit Worch gemeinsam den Tag
Gerlachs	
Roland	– kommt zu Gerlachs und will den Westbesuch begrüßen

4 Lies den zweiten Textteil und bearbeite ihn mit dem Textwerkzeug deiner Wahl.

Stasi-Besuch in Halle (Teil 2)

Roland wandte sich an Carla: „Und das ist wohl die charmante Begleitung? – Willkommen in der Saalestadt!“ Carla gab ihm die Hand: „Ich bin Frau Michaelis, eine Kollegin von Herrn Worch.“ „Kollegin? Aber gewiss doch, Frau Michaelis, ich weiß, ich weiß.“ Der Mann lachte. „Was wollen Sie von uns, Herr Roland?“, fragte Worch, der sich gefasst hatte. „Nur mal gucken, wie’s Ihnen geht, weiter nischt.“ „Das finde ich aber sehr nett und sehr aufmerksam“, sagte Carla. „Sind Sie verwandt mit Gerlachs, oder wo kommen Sie her, Herr Roland?“ „Rat der Stadt, Abteilung Inneres“, sagte der Mann. „Am Sonntag?“, fragte Carla ratlos. Worch merkte, dass sie noch nicht begriffen hatte, wer dieser Roland war. Wie sollte sie auch? Sie war zum ersten Mal in der DDR. „Setzen Sie sich doch“, sagte Gerlach und wies auf den Stuhl, auf dem er gesessen hatte. „Bin so frei“, sagte Roland, „Nur’n klee’n Moment.“ „Mir gefällt es sehr gut in Halle“, sagte Carla. Er wandte sich an Worch: „Und Sie? Auch zufrieden? Sie kennen die Stadt ja noch von früher. Frischen sicher Erinnerungen auf, Studentenzeit und so. Ja, ja. Wir haben da auch noch so unsere Erinnerungen, Herr Worch …“ Jetzt machte Carla große Augen. Fragend sah sie Roland an: „Wie meinen Sie das?“ „Nur so“, sagte Roland, „nur so. Ist ja alles lange her. Herr Worch ist uns damals was schuldig geblieben, das weiß er bestimmt noch …“ „Nichts bin ich Ihnen schuldig geblieben“, sagte Worch, „gar nichts …" „Schwamm drüber, lieber Herr Worch", sage der Mann. „Ist ja lange her, ne wahr? Wir freuen uns, dass Sie wieder mal da sind, und wenn Sie irgendwelche Wünsche haben … Vielleicht brauchen Sie Geld?", bohrte der Mann weiter. „DDR-Reise ist ja nicht billig für Leute aus der BRD." „Geld?" Worch war empört. „Wollen Sie mich kaufen?" „Wer wird denn! Wer wird denn!", beschwichtigte der Mann. „Von kaufen kann gar keine Rede sein. Ich meine ja nur: Sie sind doch zu zweit, da muss man ja auch mal was springen lassen. So'ne junge, anspruchsvolle Frau, die will doch was erleben… Würde natürlich ganz unter uns bleiben." „Was würde unter uns bleiben?", fragte Worch. Er hatte längst begriffen, worauf das Gespräch hinauslief, blieb aber ruhig. Der Mann zwinkerte, als er antwortete: „Wo Sie mit Frau Michaelis hingehen in Halle. Braucht doch niemand zu wissen: Ihre Frau nicht und Herr Michaelis auch nicht. Das geht niemand was an." Mit weit aufgerissenen Augen starrte Carla den Besucher an. „Das klingt ja nach Erpressung."

5 Ergänze die Tabelle der dritten Aufgabe mit neuen Informationen aus diesem Textabschnitt.
6 Was bietet „Roland" Worch als Bestechungsmittel an?
7 Welche Informationen dienen dem Stasi-Mitarbeiter Roland als Druckmittel?

---

8 Lies den dritten und letzten Textabschnitt. Wähle wieder ein Werkzeug deiner Wahl, um den Textinhalt zusammenzufassen.

Stasi-Besuch in Halle (Teil 3)

„Erpressung!" Roland winkte ab. „Wer wird denn gleich an so was denken!" „Ich denke an so was", sagte Worch scharf. Er wollte zeigen, dass er keine Angst hatte. „Mir ist längst klar, dass Sie was von mir wollen. Was wollen Sie?" „Nichts, gar nichts", sagte der Mann. „Kleine Unterhaltung vielleicht, nichts weiter. Ich lade Sie mal ein, morgen oder übermorgen, zu Kaffee und Kuchen, auch zum Glas Bier, wenn Sie wollen; und da reden wir mal in aller Ruhe." „Worüber?" „Nichts weiter. Wir erzählen Ihnen von Halle, liefern Ihnen gutes Material für Ihren Bericht in der Zeitung, und Sie erzählen uns ein bisschen von Stuttgart: über die Zeitung, den Arbeitsplatz, die Kollegen und so …" „Aha", sagte Worch. „Sie wollen mich aushorchen? Das hatten wir doch schon mal." „Herr Worch", sagte Roland, „nun tun Se nicht so empfindlich. Von wegen aushorchen. Sie sollen doch keine Staatsgeheimnisse verraten, Sie sollen auch niemand verpfeifen, wo denken Sie denn hin? Nur bisschen erzählen, was sowieso jeder weiß. Ob Ihr Chef trinkt oder ob er 'ne Freundin hat, das ist doch bekannt. Da macht m'r sich doch nicht strafbar, wenn m'r drüber redet. Sonst säßen Sie beide ja längst im Kittchen, weil Se im Büro doch jeden Tag darüber quatschen. Hab' ich nicht recht, Frau Michaelis? Nu sagen Sie auch mal was." Worch war aufgestanden. „Raus!", sagte er. Seine Hände zitterten. „Raus!" Aber dann besann er sich: Nicht ausfallend werden. Die Stasi hatte einen langen Arm.

Roland schaute Worch erstaunt an. „Aber, aber", sagte er. „Gehen Sie!", sagte Worch ruhiger, und als Roland sitzen blieb, noch einmal: „Gehen Sie bitte sofort!" Roland erhob sich. „Na gut", sagte er. „Ich wollte sowieso nicht lange stören." Er griff in seine Jackentasche, zog eine kleine Karte heraus und legte sie auf den Tisch. „Die Nummer rufen Se morgen an", sagte er, „so um drei. Dann sage ich Ihnen, wo sie mich besuchen können. Würde mich sehr freuen, wenn Sie kämen. Frau Michaelis, nu reden Se Herrn Worch mal gut zu!" Er ging zur Tür, öffnete sie, drehte sich noch einmal um: „An Ihrer Stelle würde ich mir sehr genau überlegen, ob ich so 'ne freundliche Einladung nicht annehmen soll. Sie sind doch so'n hübsches Paar, Sie zwei beide." „Gehen Sie endlich, Herrgott nochmal!", knirschte Worch. Wut drückte ihn im Halse, aber er wagte nicht loszubrüllen, obwohl ihm danach war. Roland nickte und verließ das Zimmer. Sie hörten, wie die Wohnungstür zuklappte. „Der ruft jetzt meinen Mann an“, sagte Carla. „Nicht jetzt“, sagte Worch, „morgen: zehn Minuten nach drei, wenn wir uns bis dahin nicht gemeldet haben.“

9 Ergänze die Tabelle der dritten Aufgabe.

10 Welche Informationen möchte der Stasi-Mitarbeiter von dem Paar bekommen?

11 Das Gespräch zwischen Worch, Carla und Roland eskaliert.
Trage stichpunktartig die einzelnen Stufen ein.

- erinnert an frühere Schuld
- → Worch weist Schuld zurück
- → [ ]
- → lässt sich nicht „kaufen“
- → droht, das Liebesverhältnis den Angetrauten mitzuteilen
- → [ ]
- → [ ]
- → Worch ist wütend, beherrscht sich und bittet Roland zu gehen
- → setzt Ultimatum bis zum nächten Tag

12 Trage in die Tabelle weitere Stichpunkte als Erinnerungsstützen ein.
Schreibe anschließend die Inhaltsangabe auf ein anderes Blatt.

Einleitung	Kurzgeschichte Ekkehart Rudolph 1989 geschrieben
Hauptteil	Student in Halle 25 Jahre später Carla und Worch zu Besuch Roland als Familienbesuch
Schlusssatz	

Inhaltsangabe schreiben

Inhaltsangabe von Gedichten erstellen

Das äußere Geschehen begrenzt sich im Gedicht auf wenige Handlungen. Stimmungen, Eindrücke und Gedanken des lyrischen Ichs stehen meist im Vordergrund und werden mit wenigen Worten ausgedrückt. Um den Text zu verstehen, muss er häufig auch gedeutet werden. Daher ist der Übergang zwischen der Inhaltsangabe und Deutung fließend. Mit folgenden W-Fragen wird der Inhalt eines Gedichts erschlossen:

- Wer ist das *lyrische Ich*?
- Wer ist der *Adressat* des Gedichts?
- Was ist das *Thema* des Gedichts?
- Welche *Handlung* wird beschrieben?
- Welche *Gedanken* und *Wünsche* äußert das lyrische Ich?
- Welche *Stimmung* kommt in dem Gedicht zum Ausdruck?

Das verlassene Mägdlein

Eduard Mörike, 1829

Früh, wann die Hähne krähn,
Eh' die Sternlein verschwinden,
Muss ich am Herde stehn,
Muss Feuer zünden.

Schön ist der Flammen Schein,
Es springen die Funken;
Ich schaue so drein,
In Leid versunken.

Plötzlich, da kommt es mir,
Treuloser Knabe,
Dass ich die Nacht von dir
Geträumet habe.

Träne auf Träne dann
Stürzet hernieder;
So kommt der Tag heran –
O ging' er wieder!

1 Gib den Inhalt jeder Strophe in einem Satz wieder.

1. Strophe: ______

2. Strophe: ______

3. Strophe: ______

4. Strophe: ______

2 Wer ist das lyrische Ich? ______

3 Streiche durch, was in diesem Gedicht nicht passiert.

Mägdlein steht auf | sie zündet das Feuer im Herd an | sie singt | sie weint

sie geht zurück ins Bett | sie beobachtet die Funken | sie lacht über sich selbst

4 Welche Gedanken, Gefühle und Wünsche werden im Gedicht direkt ausgedrückt?

Gedanken	Gefühle	Wünsche
	– in Leid versunken	– der Tag soll vorbeigehen

Inhaltsangabe schreiben

5 Ergänze den Einleitungssatz: Das 1829 verfasste Gedicht „Das verlassene Mägdlein" von Eduard Mörike handelt von

____

6 Lies die drei folgenden Texte und kreuze an, welcher den Anforderungen der Inhaltsangabe entspricht.

☐ a) Eduard Mörike schreibt über die Pflichten einer Magd am frühen Morgen. Während die Magd das Feuer anzündet, wird sie traurig, da sie an den jungen Mann denkt, der sie verlassen hat. Es kommt ihr so vor, als wenn sie von ihm geträumt habe. Sie weint und wünscht sich, dass er zurückkommt.

☐ b) Das lyrische Ich muss als Magd früh morgens das Feuer anzünden. Beim Blick auf die Funken wird das Mädchen traurig und denkt an den treulosen Knaben, von dem es glaubt, geträumt zu haben. Er ist der Adressat des Gedichts, da das lyrische Ich ihn direkt anspricht. Das Mädchen weint sehr und wünscht sich, der Tag ginge wieder.

☐ c) Das lyrische Ich weint morgens beim Feuermachen und denkt an ihren verflossenen Liebhaber, an den das traurige Gedicht auch gerichtet ist. Sie weint herzzerreißend und verwünscht den Tag.

7 Begründe, warum sich der Text als Inhaltsangabe eignet bzw. nicht eignet.

Zu a) ______________________________

Zu b) ______________________________

Zu c) ______________________________

8 In dem Schlusssatz wird das Thema des Gedichts auf den Punkt gebracht. Wähle Stichpunkte aus: unglückliche Liebe – vom Liebsten verlassen werden – Trauer und Verzweiflung – Auswirkung auf die Träume und den Arbeitsalltag. Formuliere einen Schlusssatz: Das Gedicht zeigt …

____

Im wunderschönen Monat Mai

Heinrich Heine, 1822/1823

Im wunderschönen Monat Mai,
Als alle Knospen sprangen,
Da ist in meinem Herzen
Die Liebe aufgegangen.

Im wunderschönen Monat Mai,
Als alle Vögel sangen,
Da hab ich ihr gestanden
Mein Sehnen und Verlangen.

1 Trage den Inhalt des Gedichts stichpunktartig in die Tabelle ein.

	Geschehen in der Natur	Geschehen im lyrischen Ich
1. Strophe		
2. Strophe		

2 Um wen handelt es sich beim lyrischen Ich? ______________________________

3 An wen ist das Gedicht gerichtet? ______________________________

4 Welche Stimmung herrscht im Gedicht vor? Kreuze an:

☐ heiter ☐ verliebt ☐ fröhlich ☐ traurig
☐ sehnsüchtig ☐ freudig ☐ wütend

Inhaltsangabe schreiben

5 Ergänze den Einleitungssatz: ______
handelt von einem verliebten jungen Mann im Monat Mai.

6 Vervollständige den Hauptteil der Inhaltsangabe: Im Mai öffnen sich die Pflanzen in der Natur und ebenso öffnet sich das Herz des lyrischen Ichs für die Liebe.

______

______

7 Der Schlusssatz beinhaltet auch die Deutung dieses Gedichts. Wähle aus folgenden Stichpunkten aus und formuliere einen Schlusssatz: Vorgänge in der Natur wirken sich auf den Menschen aus – Mensch und Natur gehören zusammen – Mai als Monat der aufblühenden Natur und Liebe.

______

______

Buchenblatt

Rose Ausländer, 1980

Ein Buchenblatt
wie aus dem Wald
meiner Heimatstadt
fliegt in mein Zimmer

Es kam
mich zu trösten

Jene junge Zeit
ein Gedankenort
da wohnen die verlorenen
Freunde und Berge

Feines Geäder
eine Widmung
für mich

1 In diesem Gedicht tritt die Deutung des Textes stärker in den Vordergrund.
Nummeriere die kurze Zusammenfassung der Strophen der Reihe nach.

- ☐ Sinn des Buchenblattes war Trost zu spenden, das heißt, das lyrische Ich braucht Trost.
- ☐ Für das lyrische Ich sind Blattadern wie eine persönliche Nachricht.
- ☐ Freunde und Heimat der Jugend sind verloren und leben in der Erinnerung.
- ☐ Ein Buchenblatt fliegt ins Zimmer des lyrischen Ichs.

2 Welche Stimmung wird im Gedicht ausgedrückt? ______

3 Füge deine Informationen in dieses Textgerüst.

Einleitungssatz

In dem ______ veröffentlichten Gedicht ______ von ______

befasst sich das lyrische Ich mit dem Thema ______

______

Hauptteil

Ein Buchenblatt, so wie es das lyrische Ich aus der Heimatstadt kennt, fliegt ihm ins Zimmer. Es fühlt sich dadurch getröstet, denn Freunde und Heimat sind verloren und leben nur noch in der Erinnerung. Die Blattadern …

______

Schlusssatz

In diesem ______ Gedicht wird die trostbedürftige Sehnsucht nach vermissten Menschen und einer verlorenen Heimat ausgedrückt.

Teil 1: Grundlegende Kompetenzen

Zum sinnerfassenden Lesen gehören mehrere Arbeitsschritte. Kreuze Zutreffendes an.

1 Das *orientierende Lesen* gehört zum ersten Schritt des Lesens, indem

a) der Text mit Blick auf Fettgedrucktes, Absätze, Überschriften, Textanfang und Textende überflogen wird ☐

b) Satz für Satz gelesen wird, bis der Inhalt komplett erfasst ist ☐

c) der Text zur besseren Orientierung abschnittweise gelesen wird ☐

Punktzahl: ______ (1)

2 Mit dem *intensiven Lesen* wird der Textinhalt erschlossen, indem

a) ein Kommentar zum Text verfasst wird ☐

b) W-Fragen gestellt und beantwortet werden ☐

c) eine Person charakterisiert wird ☐

Punktzahl: ______ (1)

3 Um die Kernaussagen eines Textes zu verstehen, bieten sich folgende *Visualisierungsmöglichkeiten* an:

a) Standbild ☐

b) Mindmap ☐

c) Detailzeichnung ☐

Punktzahl: ______ (1)

4 Um *Texte zusammenzufassen*, sind folgende Arbeitsschritte empfehlenswert:

a) Sinnabschnitte festlegen ☐

b) Schlüsselwörter bestimmen ☐

c) Überschriften zu den jeweiligen Abschnitten bilden ☐

Punktzahl: ______ (3)

5 Eine Form der *Textkürzung* bietet der Précis, indem

a) der Text in wenigen Sätzen mit eigenen Worten zusammengefasst wird ☐

b) die Hälfte des Textes weggestrichen wird ☐

c) der Text auf ca. ein Drittel gekürzt wird ☐

Punktzahl: ______ (1)

6 Die *Inhaltsangabe* gehört zu den üblichen Textzusammenfassungen und besteht aus

a) einem Hauptteil im Präteritum geschrieben ☐

b) einer eigenen Stellungsnahme zum Text ☐

c) einem Einleitungssatz im Präsens ☐

Punktzahl: ______ (1)

Teil 2: Einen literarischen Text verstehen und zusammenfassen

1 Überfliege den Text und achte auf die Aussagen zur Hauptfigur:

Wer? ______________________________

Wann? ______________________________

Wo? ______________________________

Was? ______________________________

Punktzahl: ______ (4)

Die kleine Stechardin (Romananfang)
Gert Hofmann, 1994

Einmal, vor vielen, vielen Jahren, stieg der Professor Lichtenberg in seinen Rederock und wollte mal vors Haus. Er wollte das Wetter kennenlernen. Weil er eitel war, hatte der Rederock versilberte Knöpfe. Von denen verlor er gern einen. Dann kroch er in seiner Wohnung im Gotmarstraßenflügel herum und rief: Wo ist er wieder hin? Beim Kriechen, zwischen den Stühlen hindurch, wurde es dann deutlich: Er hatte einen Buckel! Beschreiben wir ihn schnell!

Der Buckel war enorm! Lichtenberg selber kann nicht viel größer als einen Meter dreiundvierzig gewesen sein. So zog er durch die Welt. So zog er um sein Haus herum und aus der Stadt hinaus. Er kam aber immer wieder. Manchmal trug er einen Hut, meistens trug er keinen. Sie nannten ihn „ein Kerlchen wie ein Kobold“ oder „unsere Kröte“. Doch wäre er auch ohne Buckel keine Schönheit gewesen. Die Augen waren meist entzündet, die Nase tropfte gern, man wechselte Briefe über seine Ohren – „wie Scheuerlappen!“ –, und die Zähne …

Doch von den Zähnen später! Der Buckel war ein kleines Tier und hockte auf dem Ganzen drauf. Von dort beherrschte er sein Leben. Auch die Erregung, in die er gern geriet, ging von dem Buckel aus. Die Leute wollten ihn nicht nur sehen, sie betatschten ihn auch gern. Warum? Es brachte Glück! So lief er durch die Stadt. Bleib stehen, Knirpschen, riefen sie und streckten ihre Hände nach dem Buckel aus. Dieses Betatschen konnte er nicht leiden. Es machte ihn ungeduldig, später eher traurig.

Lasst das, rief er, was soll das? Manchmal lief er weg. Es war abscheulich, woran er dachte, wenn er allein zu Hause saß und an eine hübsche junge Frau einen seiner langen witzigen Briefe schrieb. Er lutschte an seinem Stift und dachte … Dabei hatte er eine Perücke auf, meist eine aus Menschenhaar. Er trug Schuhe mit versilberten Schnallen. Wenn er ein Stück gelaufen war, schrie er: Luft! und riss die Schnallen auf. Weil die Perücke etwas groß war – „schaut“, sagte er „mein Kopf geht ein!“ – zupfte er gern dran. Unterm Arm trug er Bücher, die „die Bedeutung der Welt verdoppeln, wenn nicht verdreifachen“. Und jetzt führe ich die Welt auf ein angemessenes Maß zurück, rief er und riss ein paar Seiten heraus. Oft hasste er die Gelehrsamkeit und wurde melancholisch. Er setzte sich in eine Ecke und rief: Warum das Ganze? (Er meinte das Leben als solches.) Und jetzt, sagte er, lauf ich ums Haus! Die Studenten nannte er seine „Kinder“. Ich hab sie, sagte er, schon stampfen hören! Gleich werde ich Geld verdienen und Wissen verbreiten müssen!

Das war … Im Mai 1777. Es ist schon nicht mehr wahr. Es muss neu erfunden werden. Und wo… In Göttingen an der Leine! Der Professor wohnte hier. Die Bücher und die wissenschaftlichen Geräte teilten die Wohnung mit ihm. Er fing schlecht zu sehen an. Manchmal sah er gar nichts, manchmal auch zu viel. Dann machte er die Augen zu und rief: So viel wird nicht gebraucht! Den runden Kopf gedankenvoll, hatte er heute noch nicht hinausgeschaut. Er war lieber in der Stube. Da waren die drei Arbeitstische und die vielen Stühle und der riesige Bücherschrank, „der mich noch erschlagen wird“. Und die Fenster mit dem Blick auf die, die die Straße herabkamen und vielleicht zu ihm wollten. (Es war üblich, dass ein Künstler oder Gelehrter jeden anderen empfing und ihm einen Teller Suppe vorsetzte.) „Göttingen“, schrieb er an Johann Gottwerth Müller von Itzehoe (1743–1828), „hat die Eigenschaft, dass selbst das Draußen eng ist, von den Göttinger Köpfen ganz zu schweigen!“

Weil er nun nicht mehr in England war – und auch nie mehr hinkommen würde –, schaute er gar nicht mehr raus. Da sah er sowieso nur den deutschen Himmel, eher weiß als blau. Lichtenberg hockte also in Göttingen mit wenigen Freunden und vielen Widersachern. Und ganz ohne Frau? Ohne Frau! Als er aus dem Haus trat, blies ein kleiner Wind. Die Gotmarstraße war fast leer. Einem Herrn stieß der Wind den Hut vom Kopf, er wollte jedenfalls. Den Frauen hob er die Röcke hoch, das war am Wind das Schönste. Lichtenberg trat auf die Straße, damit er unter ein paar Röcke sah. Damit er ein paar Fesseln und Waden und vielleicht ein Knie sah. Er dachte: Ich nehme alles mit, auch die Kleinigkeiten.

2 Erschließe den Textinhalt mit einer Methode deiner Wahl (Sinnabschnitte einteilen, Schlüsselwörter markieren, Kernaussagen unterstreichen …). Punktzahl: ______ (5)

3 Kreuze zu jedem Thema jeweils zwei *wichtige* Textaussagen an.

Lichtenbergs Äußeres:

☐ Buckel ☐ tropfende Augen
☐ 1,43 m groß ☐ kahler Kopf
☐ entzündete Mundwinkel ☐ versilberte Knöpfe und Schnallen

Punktzahl: ______ (2)

Reaktion der Menschen auf seine körperlichen Auffälligkeiten:

☐ fassten seinen Buckel an ☐ liefen vor ihm weg
☐ nannten ihn Knirpschen ☐ bezeichneten die Ohren als Scheuerlappen
☐ beschimpften ihn als „Zwerg"

Punktzahl: ______ (2)

Charakteristisches:

☐ eitel ☐ weinerlich
☐ lehnte Frauen ab ☐ seine Studenten waren Kinder für ihn
☐ neigte zur Melancholie ☐ ernst

Punktzahl: ______ (2)

Handlungen:

☐ geht vor die Tür, um Frauen zu sehen ☐ möchte Wissen und Erkenntnis (Licht) in die Köpfe der Menschen bringen
☐ trifft sich nachts mit Frauen
☐ hält experimentelle Vorlesungen mit Studenten ☐ schreibt Bücher, um die Bedeutung der Welt den Menschen zu erklären
☐ vernachlässigt sein Äußeres

Punktzahl: ______ (2)

4 Schreibe an jeden Zweig der Mindmap mindestens einen wichtigen Stichpunkt.

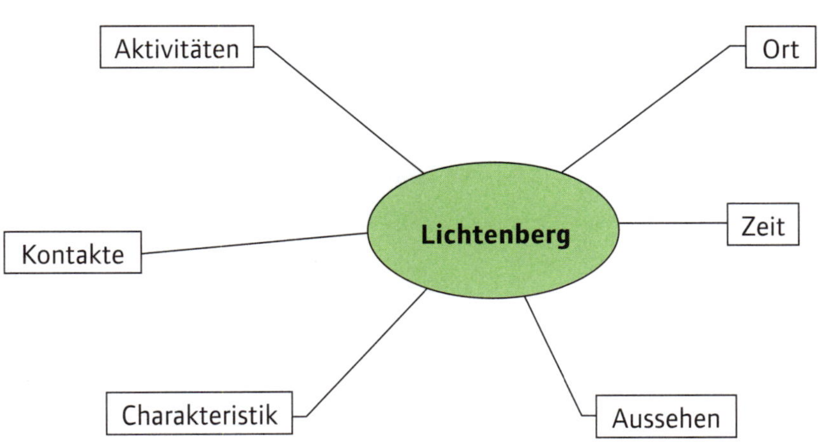

Punktzahl: ______ (6)

5 Kürze den letzten Abschnitt um ein Drittel auf 30 plus/minus drei Wörter.

Punktzahl: ______ (5)

6 Ergänze den Einleitungssatz der Inhaltsangabe und fahre mit der Inhaltsangabe fort.
Der Textauszug aus dem 1994 veröffentlichten Roman „Die Stechardin" von Gert Hofmann

Punktzahl: ______ (15)

7 Wähle einen passenden Schlusssatz aus und kreuze an.

☐ Die Geschichte stellt uns einen intelligenten Mann vor, der wegen seiner körperlichen Gebrechen schwer Kontakt zu Frauen findet.

☐ Dieser Textauszug zeigt die Bedeutung der Wissenschaft im 18. Jahrhundert.

☐ Dieser Text zeigt einen Wissenschaftler, der in seiner wissenschaftlichen Welt aufgeht.

Punktzahl: ______ (1)

Auswertung

42 bis 52 Punkte: Prima! Dir gelingt es, Wichtiges aus dem Text zusammenzufassen. Du kannst mit dem Werkzeugkoffer für die Textbearbeitung sicher umgehen. Weiter so!

27 bis 41 Punkte: Das Ergebnis liegt im Mittelfeld, das heißt, du kannst deine Fähigkeiten noch steigern! Wiederhole die Übungen, die dir Probleme bereiten.

0 bis 26 Punkte: Leider konntest du nur ein schwaches Ergebnis erzielen. Wiederhole die Übungen noch einmal Schritt für Schritt.

Summe Teil 2: ______ (44)

Summe Teil 1: ______ (08)

gesamt: ______ (52)

Nicht lineare Sachtexte

Bilder und Texte verstehen und auswerten

1 Überfliege das Foto und schreibe stichwortartig auf, was du siehst.

Bild 1:
Die Herzogin Anna Amalia Bibliothek

2 Wie viele Etagen kannst du auf dem Bild sehen?

3 Welche Einrichtungsgegenstände sind auf dem Bild zu sehen?

4 Wie sind die Lichtverhältnisse in der Bibliothek?

5 Wie viele Besucher sind etwa auf dem Bild zu sehen?
Kannst du erkennen, was die Personen unten im Eingangsbereich bei sich haben?

6 Markiere drei Aussagen, die deinen Eindruck von dieser Bibliothek widerspiegeln.

a) prunkvoll
b) kostbar
c) überladen
d) reich verziert
e) harmonisch aufgeteilt
f) geschmacklos zusammengestellt
g) aus vergangenen Tagen
h) wie ein Museum
i) düster
j) protzig
k) altmodisch
l) verstaubt

7 Besprich mit deinem Sitznachbarn bzw. deiner Sitznachbarin eure markierten Aussagen.
8 Gibt es einen Gegenstand oder eine Person, die besonders hervorgehoben wird?

Zur Blicklenkung im Allgemeinen	
Eine Diagonale von links oben nach rechts unten führt den Blick in die Nähe.	
Eine Diagonale von links unten nach rechts oben führt meist den Blick in die Ferne.	
Durch die Zentralperspektive wird der Blick in das Zentrum des Bildes gelenkt.	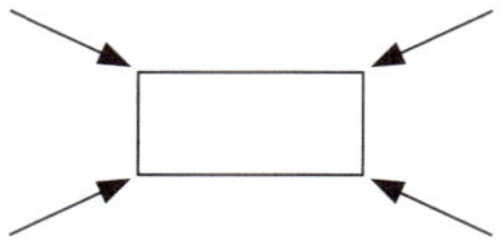

Die Diagonalen können in Form von Linien, Helligkeitskontrasten, Farbabfolgen, Oberflächenstrukturen von Flächen oder einer Anordnung von Formen auftreten.

9 Welche Form der Blicklenkung herrscht in diesem Foto der Bibliothek vor?
Begründe deine Aussage.

Text 1: Herzogin Anna Amalia Bibliothek

1 Überfliege die Überschrift und die letzte Zeile des folgenden Textes.
Welche Information erhältst du?

UNESCO-Weltkulturerbe

Nach dreijähriger Sanierung wurde die Herzogin Anna Amalia Bibliothek am 24.10.2007, dem 268. Geburtstag der Namenspatronin, in Weimar wiedereröffnet. Bei einem Großbrand in der Bibliothek waren am 2.9.2004 mehr als 50 000 Bücher, Manuskripte und Noten, darunter nahezu die gesamte Musikaliensammlung der Herzogin sowie 36 Gemälde und das von Johann Heinrich Meyer stammende Deckengemälde „Genius des Ruhms“ im Rokokosaal der Bibliothek zerstört worden. Weitere 62 000 Bücher wurden durch Feuer und Löschwasser stark beschädigt. 2000 mittelalterliche Handschriften, eine Bibelsammlung mit der ersten Gesamtausgabe von Martin Luthers Bibelübersetzung von 1534, 10 000 historische Landkarten sowie die weltweit größte „Faust“-Sammlung konnten gerettet werden. Der Bestand der 1691 gegründeten herzoglichen Sammlung umfasst etwa 900 000 Titel; den aktuellen Sammlungsschwerpunkt bildet die deutsche Literatur- und Kulturgeschichte zwischen 1750 und 1850. Daneben ergänzen Sondersammlungen die heute zur Stiftung Weimarer Klassik gehörende Bibliothek.

Mit dem Wiederaufbau wurde neben dem ausgebrannten Dachgeschoss auch der Rokokosaal nach historischem Vorbild wiedererrichtet. Der ovale, über drei Etagen reichende Saal war zwischen 1761 und 1766, beim Umbau des „Grünen Schlosses“ zur Bibliothek, eingebaut worden und gilt als einer der schönsten Bibliotheksräume Mitteleuropas. Das Hauptgebäude bietet künftig Platz für 50 000 Bücher, die übrigen 85 0000 Titel befinden sich im Studienzentrum und dem Tiefmagazin, das die Bibliothek seit 2005 unterirdisch mit den Erweiterungsbauten verbindet. Die Kosten für die umfassende Sanierung des Gebäudes betrugen 12,8 Mio. €; die Kosten für die Wiederbeschaffung der verlorenen Bücher, die nach Ansicht der Experten frühestens in 25 Jahren ausgeglichen sein wird, werden auf 60 Mio. € geschätzt. Die Herzogin Anna Amalia Bibliothek gehört seit 1998 zum Weltkulturerbe-Ensemble „Klassisches Weimar“.

2 Teile den Text in sieben Sinnabschnitte ein. Nummeriere folgende Sinnabschnitte in der Reihenfolge des Textes und schreibe sie an den Textrand.

◯ Kosten für die Gebäudesanierung und die Wiederbeschaffung der Bücher

◯ Rokokosaal

◯ Großbrand und dessen Folgen

◯ Bestand heute und Sammlungsschwerpunkt

◯ Wiedereröffnung

◯ Weltkulturerbe-Ensemble „Klassisches Weimar"

◯ Hauptgebäude, Studienzentrum und Tiefmagazin

3 Markiere in etwa fünf Schlüsselwörter pro Sinnabschnitt.

4 Fasse den ersten, zweiten und dritten Sinnabschnitt in eigenen Worten zusammen.

____

____

____

____

____

____

____

____

5 Formuliere Fragen zu den vorgegebenen Antworten.

______________________________ ______________________________	Er wurde zwischen 1761 und 1766 erbaut.
______________________________ ______________________________	Die überwiegende Anzahl der Bücher befindet sich im Studienzentrum und im Tiefmagazin.
______________________________ ______________________________	Sie betrugen 12,8 Mio. €.
______________________________ ______________________________	Die Kosten werden auf 60 Mio. € geschätzt.

6 Welche Funktion hat das Bild? Kreuze an, was deiner Meinung nach zutrifft.

Das Bild führt in das Thema ein.	☐
Das Bild motiviert mehr über das Thema zu erfahren.	☐
Das Bild macht den Textinhalt anschaulich.	☐
Das Bild nimmt die Lust, etwas zum Thema zu lesen.	☐

Nicht lineare Sachtexte

1 Überfliege das Foto und notiere einige Stichpunkte.

Bild 2: Die Müllkrise

2 Wohin wird dein Blick gelenkt und warum?

3 Beschreibe den Mann im Mittelpunkt des Bildes.

4 Dieses Bild hält einen winzigen Augenblick fest, nämlich welchen?

5 Woher kommt der Müll? Welche weiteren Fragen beantwortet das Foto nicht?

Text 2: Müllkrise

1 Überfliege den Titel, die erste und letzte Textzeile des Textes. Was erfährst du?

Müllkrise

Schwere mehrtägige Krawalle in Neapel machten Anfang Januar 2008 den Müllnotstand in der Hauptstadt Kampaniens[1] zu einem nationalen Thema. Seit Mitte Dezember 2007 hatten sich, bei einem täglichen Zuwachs von etwa 9000 t, **mehr als 100 000 t Müll in den Straßen Neapels**, seiner Vorstädte und anderer Orte der Region angesammelt, weil die Lagerkapazität der Deponien ausgeschöpft war und 25 illegale Halden auf Anweisung der Staatsanwaltschaft geschlossen worden waren. Die Regierung Prodi[2] beschloss am 8.1.2008 einen **Katalog von energischen Maßnahmen**, von denen etliche jedoch Wiederauflagen früherer, nicht umgesetzter Anweisungen waren. Vier alte Deponien sollten erneut geöffnet werden, Kommunen aus anderen Regionen zeitweise Abfall aus der Region Neapel übernehmen, Armeeeinheiten für eine schnelle Abfuhr des Mülls sorgen; die Gemeinderäte wurden verpflichtet, eine getrennte Müllentsorgung zu organisieren; weitere Deponien und drei Müllverbrennungsanlagen sollen gebaut werden. Als **Sonderkommissar für den Müllnotstand** – der zehnte seit 1992 – wurde der ehemalige Chef der Staatspolizei, Gianni De Gennaro, eingesetzt. In den nächsten Tagen sorgte die Verschiffung neapolitanischen Mülls nach Sardinien und Sizilien dort für gewalttätige Proteste. Auch aus anderen Regionen, die sich ursprünglich zur hilfsweisen Übernahme von Müll bereit erklärt hatten, kam Widerstand. In Müllverbrennungsanlagen nach Deutschland, in die schon seit längerem täglich 1000 t gingen, wurden ab Mitte März sukzessiv[3] weitere 160 000 t geliefert, zu Kosten von mehr als 30 Mio. €. Zu diesem Zeitpunkt wurde die Menge des abzuräumenden Mülls in Kampanien immer noch auf fast 200 000 t geschätzt. Anfang Mai formierte sich der **Widerstand der Bürger** in Neapels Vorort Chiaiano gegen die geplante Freigabe eines dafür früher für ungeeignet erklärten aufgelassenen Steinbruchs für die Aufnahme von 700 000 t Müll. Am 6.5. **verklagte die EU-Kommission Italien** erneut wegen der Verletzung der EU-Abfallrahmenrichtlinie, die den Aufbau eines effektiven Abfallwirtschaftssystems vorschreibt, vor dem Europäischen Gerichtshof (EuGH). Sie hatte schon 2007 ein Urteil gegen Italien bezüglich der mangelhaften Müllentsorgung in anderen Regionen und Provinzen erwirkt.

[1] Kampanien = Region in Süditalien mit der Hauptstadt Neapel
[2] Prodi = Ministerpräsident von 2006 bis 2008 in Italien
[3] sukzessiv = nach und nach

2 Kläre bei Bedarf weitere unbekannte Wörter.
3 Teile den Text in Sinnabschnitte ein.
4 Formuliere für jeden Sinnabschnitt eine Überschrift und schreibe sie rechts an den Rand.
5 Markiere in jedem Sinnabschnitt bis zu fünf Schlüsselwörter zusätzlich zu dem Fettgedruckten.
6 Schreibe zu den unten angegebenen Stichwörtern das, was du aus dem Text weißt.

Täglicher Zuwachs von etwa 9000 Tonnen Müll in den Straßen Neapels ______________________

____

Armeeeinheiten ______________________

____

Getrennte Müllentsorgung ______________________

____

Proteste und Widerstand ______________________

____

____

Abfallwirtschaftssystem ______________________

____

7 Welche Funktion hatte deiner Einschätzung nach das Bild für den Text? ______________________

____

____

1 Gib in Stichworten wieder, was du siehst.

Bild 3: Der Tato Nano

2 Wohin und wodurch wird der Blick des Fotos gelenkt?

3 Wie wirkt die Stimmung auf diesem Foto auf dich?

4 Welche weiteren Fragen ergeben sich aus diesem Bild?
– Wann und wo wurde dieses Auto vorgestellt?
–
–
–

Text 3: Automobilisierung

Die Vorstellung des Kleinstwagens „Nano" durch den Autohersteller Tata Motors auf der Automobilausstellung in Neu-Delhi am 10.1.2008 erregte weltweites Interesse: Das auf die wachsende indische Mittelschicht zugeschnittene Auto, das nur etwa 100 000 Rupien (umgerechnet rd. 1500 €) kosten und noch 2008 zur Serienreife gelangen soll, symbolisiert den Fortschritt des Landes bei der Automobilisierung. Diese wird von der Zentralregierung, die 2006 einen „Automotive Mission Plan" vorlegte, entschieden vorangetrieben: Danach soll Indien bis 2016 zu den bedeutendsten Autoproduzenten der Welt gehören und die Autoindustrie etwa 10% des BIP[1] erwirtschaften. Diese ehrgeizigen Pläne sind vor dem Hintergrund des großen Nachholbedarfs Indiens bei der Automobilisierung zu sehen: Bislang kommen auf 1000 Einwohner erst acht Autos, die Motorisierung der privaten Haushalte besteht v. a. aus Zweirädern. Mit etwa 8 Mio. jährlich produzierten Motorrädern zählt Indien hier zu den größten Märkten. Der wachsende Wohlstand der Ober- und Mittelschichten hat aber bereits eine steigende Nachfrage nach PKW hervorgerufen, die steuerpolitisch flankiert wird: Im März 2008 ermäßigte die Zentralregierung die Mehrwertsteuer auf PKW, wobei

Kleinwagen besonders begünstigt wurden. Der indische Automarkt ist einer der dynamischsten der Welt: Laut einer Prognose der Economist Intelligence Unit[2] wird er 2008 um etwa 14 % wachsen. Angesichts der fast stagnierenden etablierten Automärkte ist Indien in jüngster Zeit stark in den Blickpunkt ausländischer Autokonzerne gerückt, die erhebliche Direktinvestitionen tätigen. Nachdem dabei zunächst das Luxussegment im Vordergrund stand, werden neuerdings vermehrt auf den indischen Massenmarkt zugeschnittene Kleinwagen geplant. Die Massenmotorisierung wirft erhebliche ökologische und soziale Probleme auf: Bislang ist der Anteil des Verkehrs an den Treibhausgas-Emissionen in Indien noch recht gering, er wird aber erheblich steigen. Ein Hemmnis ist der katastrophale Zustand des Straßennetzes, in den Metropolen kollabiert der Verkehr bereits jetzt regelmäßig. Die Automobilisierung führt bereits jetzt zu einer Zurückdrängung anderer Mobilitätsformen: So werden in Neu-Delhi die Fahrradtaxis (Rikschas), von denen es noch etwa 50000 gibt, sukzessiv aus der Innenstadt verbannt. Die enormen Investitionen[3] in den Straßenbau stehen in Konkurrenz zum Ausbau des Schienennetzes und zu anderen dringlichen Infrastrukturmaßnahmen[4], etwa bei der Energie- und Trinkwasserversorgung.

1 BIP = Bruttoinlandsprodukt = Maß für wirtschaftliche Leistungen einer Volkswirtschaft in einem bestimmten Zeitraum
2 Economist Intelligence Unit = Wirtschaftsforschungsinstitut in London
3 Investitionen = Kapitalanlage
4 Infrastruktur = für die Wirtschaft eines Landes notwendige Einrichtungen und Anlagen wie zum Beispiel Straßen, Kanalisation, Anlagen zur Energieversorgung

1 Die Überschrift setzt sich aus zwei Substantiven zusammen: Auto und Mobilisierung. Was verbindest du mit diesem zusammengesetzten Wort?

2 Lies den Text gründlich durch und teile ihn in Sinnabschnitte ein.
3 Unterstreiche die Kernaussagen in den Sinnabschnitten.
4 Beantworte folgende W-Fragen zum ersten Sinnabschnitt, der Vorstellung des Nano: Wer? Was? Weshalb? Wann?

5 Fasse zusammen, was in dem Text für oder gegen die Automobilisierung in Indien spricht.

für die Automobilisierung	gegen die Automobilisierung
Ein Auto für 1500 €	Anstieg des Treibhausgases

6 Wie schätzt du das Bild ein, nachdem du den Text gelesen hast? Kreuze an. Mehrfachnennungen sind möglich. Füge bei Bedarf noch Aussagen hinzu.

Das Bild gibt die Stimmung eines ganzen Landes wieder. ☐

Das Bild gibt nur einen winzigen Moment wieder. ☐

Das Bild täuscht eine positive Stimmung vor und lässt keine Kritik zum Thema aufkommen. ☐

Das Bild kann nur ein „Aufreißer" für den Text sein und keine sachliche Quelle. ☐

Das Bild veranschaulicht den Textinhalt. ☐

Das Bild macht neugierig auf den Text. ☐

Erweitern und vertiefen: Tabellen beschreiben und auswerten

Tabellen ermöglichen das geordnete Auflisten von Informationen, um einerseits unterschiedliche Informationen zu sortieren und miteinander in Beziehung zu setzen und sie andererseits knapp, übersichtlich und genau darzustellen.

Tabelle 1: Datenvergleich Bundesrepublik Deutschland und Großbritannien

1 Überfliege die Tabelle. Welche Informationen erhältst du?

	Bundesrepublik Deutschland	Großbritannien (und Nordirland)
Fläche	(61) 357 114 km²	(77) 242 910 km²
Einwohner	(14) 2006: 82 375 000	(22) 2006: 60 550 000
Hauptstadt	Berlin	London
Amtssprache	Deutsch	Englisch
Bruttonationaleinkommen	2006 je Einw.: 36 810 US-$	2006 je Einw.: 40 560 US-$
Währung, Kurse	1 Euro (€) = 100 Cent 1 US-$ = 0,63 € 1 € = 1,58 US-$	1 Pfund Sterling (£) = 100 Pence 1 US-$ = 0,51 £ 1 € = 0,79 £

Quelle: Fischer Weltalmanach, S. 115 und 196

(XX) = Rangstelle innerhalb der 195 unabhängigen Staaten
US-$ = US-Dollar
Bruttonationaleinkommen = jährliche von den Bürgern eines Staates erbrachte volkswirtschaftliche Gesamtleistung (zum Beispiel aus Handel, Verkehr, Landwirtschaft usw.) gleichzusetzen mit dem durchschnittlichen Einkommen
Einw. = Einwohner

2 Kläre bei Bedarf weitere unbekannte Begriffe.
3 Wie groß sind die Flächen von Großbritannien und der Bundesrepublik Deutschland?

4 Wie viele Menschen wohnten in diesen beiden Ländern im Jahr 2006 (Angabe in Mio.)?

5 Welche Informationen kannst du noch der Tabelle entnehmen?
Formuliere zwei weitere Fragen und beantworte sie.

6 Richtig oder falsch? Führe jeweils einen Beleg aus der Tabelle für deine Entscheidung an.

	richtig	falsch	Beleg
a) Die Bundesrepublik Deutschland ist flächenmäßig kleiner und hat weniger Einwohner als Großbritannien einschließlich Nordirland.	☐	☐	
b) Das durchschnittliche Einkommen lag im Jahr 2006 in Großbritannien und Nordirland höher als in der Bundesrepublik Deutschland.	☐	☐	

Tabelle 2: Großstädte in Deutschland

1 Überfliege die folgende Tabelle. Welche Informationen erhältst du?

2 Lies die Tabelle nun gründlich und sieh dir die Rangordnung an. Woran wird der Rang gemessen?

Stadt	Fläche in km²	Einwohner			Rang
	Stand 2007	Stand 2007	Veränderung 1997–2007 in %	je km²	
Berlin	891	3 404 037	↓ 1,58	3 820	1
Bremen	325	547 934	↓ 0,17	1 684	10
Dortmund	280	587 624	↓ 1,57	2 096	7
Düsseldorf	217	577 505	↑ 1,06	2 661	9
Essen	210	583 198	↓ 4,68	2 772	8
Frankfurt am Main	248	652 610	↑ 0,82	2 628	5
Hamburg	755	1 754 182	↑ 2,70	2 323	2
Köln	405	989 766	↑ 2,64	2 443	4
München	310	1 294 608	↑ 5,61	4 171	3
Stuttgart	207	593 923	↑ 1,43	2 864	6

Quelle: Deutscher Städtetag 2009

3 a) Schreibe die größten Städte der Bundesrepublik Deutschland auf: Berlin, Hamburg …

b) Nenne die fünf größten Städte gemessen an der Fläche.

4 a) Herr Müller wird als Bankangestellter in die Bankzentrale versetzt. Diese Großstadt gehört zu den zehn größten der Bundesrepublik und liegt in Hessen. Wo wird Herr Müller demnächst arbeiten?

b) Frau Schmidt möchte in eine Großstadt ziehen, die großflächig ist, das Flair und die Vorzüge einer Millionenstadt besitzt, wo aber die Menschen nicht so gedrängt wohnen. Welche Stadt kommt in Frage?

Tabelle 3: Fläche und Bevölkerung der Bundesrepublik Deutschland

1 Lies die folgende Tabelle und kläre den Begriff Bevölkerung aus dem Textzusammenhang oder schlage im Wörterbuch nach.

2 a) Fülle die Leerstellen aus.

In der Spalte Fläche werden Flächen in ______ und in ______ auf dem Stand von ______ angegeben.

In der Spalte Einwohner erfahren wir die Zahlen ______, je ______ und in ______ auf dem Stand vom ______.

b) Formuliere entsprechend einen Satz für die Spalten „Ausländer und Ausländeranteil“

Fläche und Bevölkerung der Bundesrepublik Deutschland

Bundesland	Fläche		Einwohner			Ausländer	Ausländeranteil in den Bundesländern
	in km²	in %	insgesamt	in %	je km²	insgesamt	in %
	31.12.2007						
Baden-Württemberg	35 751,40	10,01	10 749 755	13,07	301	1 177 461	11,0
Bayern	70 551,56	19,76	12 520 332	15,23	177	1 077 199	8,6
Berlin	891,02	0,25	3 416 255	4,16	3 834	431 592	12,6
Brandenburg	29 480,33	8,26	2 535 737	3,08	86	46 277	1,8
Bremen	404,28	0,11	663 082	0,81	1 640	80 695	12,2
Hamburg	755,25	0,21	1 770 629	2,15	2 344	232 442	13,1
Hessen	21 114,77	5,91	6 072 555	7,39	288	727 542	12,0
Mecklenburg-Vorpommern	23 185,40	6,49	1 679 682	2,04	72	30 779	1,8
Niedersachsen	47 625,43	13,34	7 971 684	9,70	167	457 099	5,7
Nordrhein-Westfalen	34 086,48	9,55	17 996 621	21,89	528	1 814 747	10,1
Rheinland-Pfalz	19 853,24	5,56	4 045 643	4,92	204	291 355	7,2
Saarland	2 568,64	0,72	1 036 598	1,26	404	77 661	7,5
Sachsen	18 418,04	5,16	4 045 643	5,13	229	86 587	2,1
Sachsen-Anhalt	20 447,05	5,73	2 412 472	2,93	118	45 954	1,9
Schleswig-Holstein	15 799,08	4,42	2 837 373	3,45	180	134 277	4,7
Thüringen	16 172,10	4,53	2 289 219	2,78	142	33 212	1,5
Deutschland	**357 104,07**	**100,00**	**82 217 837**	**100,00**	**230**	**6 744 879**	**8,2**

Quelle: Statistisches Bundesamt (Einwohner) und Ausländerzentralregister (Ausländer)

3 a) Die Bundesländer sind nach dem Alphabet aufgelistet. Sortiere sie nach der prozentualen Größe gemessen an der Gesamtgröße der Bundesrepublik Deutschland. Bayern …

b) Nenne die drei Bundesländer mit den höchsten Bevölkerungsanteilen in Zahlen.

4 Richtig oder falsch? Kreuze Zutreffendes an und gib einen Beleg an.

	richtig	falsch	Beleg
In der Bundesrepublik Deutschland leben über 80 Millionen Menschen.	☐	☐	
Berlin und Bremen haben, gemessen an der Einwohnerzahl, den geringsten Ausländeranteil.	☐	☐	
Die Fläche Baden-Württembergs macht zehn Prozent der Bundesrepublik Deutschland aus.	☐	☐	
Thüringen, Brandenburg, Sachsen-Anhalt und Bayern sind dicht besiedelt.	☐	☐	
Zur Bevölkerung Deutschlands gehören 8,2 Prozent Ausländer.	☐	☐	

Erweitern und vertiefen: Diagramme und Tabellen in Säulendiagramme umwandeln

Im Gegensatz zur Tabelle ist das Diagramm anschaulicher und einprägsamer.
Im Säulendiagramm kannst du in der Regel zwei Sorten von Informationen darstellen.

Tabelle 4: Die zehn größten Staaten der Welt

	in km²
1. Russische Föderation	17 075 400
2. Kanada	9 984 670
3. Vereinigte Staaten von Amerika (USA)	9 809 155
4. Volksrepublik China	9 572 419
5. Brasilien	8 547 404
6. Australien	7 692 030
7. Indien	3 287 263
8. Argentinien	2 780 403
9. Kasachstan	2 724 900
10. Sudan	2 505 813

Quelle: Fischer Almanach 2009, s. 523 f.

Nicht lineare Sachtexte

1 Ergänze die Sätze:

Kanada ist zirka dreimal so groß wie ______________________. Kanada, die Vereinigten Staaten von Amerika und die Volksrepublik China sind zirka ________________.

Die Russische Föderation ist mit Abstand ________________. Argentinien, Kasachstan und Sudan sind zirka ______________________. Brasilien ist zirka halb so groß wie ______________. Australien steht mit _____ km² an _____ Stelle der größten Länder der Welt. _________ liegt mit ____ km² auf dem siebten Platz in der Weltrangliste.

2 Stelle die Informationen aus der Tabelle als Säulendiagramm dar.
- 1 cm entsprechen 2 Millionen km²
- Säulenbreite: 1,5 cm
- Schreibe in die jeweilige Säule die Angabe in Mio. einschließlich der ersten Stelle nach dem Komma – zum Beispiel 2,5.

Y-Achse
km² in Mio.

Staaten
X-Achse

3 Wirf einen Blick auf die Tabelle und auf das Säulendiagramm. Kreuze an, was zutrifft:

Mit dem Blick auf das Säulendiagramm weiß ich schnell und genau Bescheid.	☐
Das Säulendiagramm gibt mir einen Eindruck über die Verhältnismäßigkeit zwischen den unterschiedlichen Größen.	☐
Am Säulendiagramm kann ich die exakten Zahlen ablesen.	☐
Das Säulendiagramm ist die richtige Wahl der Darstellung, wenn man schnell und ohne viel zu lesen einen Überblick über die Verhältnismäßigkeit erlangen soll.	☐
Die Tabelle gibt nicht genaue, aber ungefähre Zahlenangaben.	☐
Im Säulendiagramm kann man durch die grafische Darstellung ein Problem besonders deutlich herausstellen oder überzeichnen.	☐

4 Vervollständige die beiden Sätze.
Das Säulendiagramm eignet sich als grafische Darstellungsform, wenn …

Die Tabelle als Auflistung von Zahlen und Fakten sollte bevorzugt werden, wenn …

Säulendiagramme verstehen und in Tabellen umwandeln

1 Überfliege das Säulendiagramm. Welche Auskünfte erhältst du?

Deutschland: Die wichtigsten Außenhandelsgüter 2008
in Mrd. €

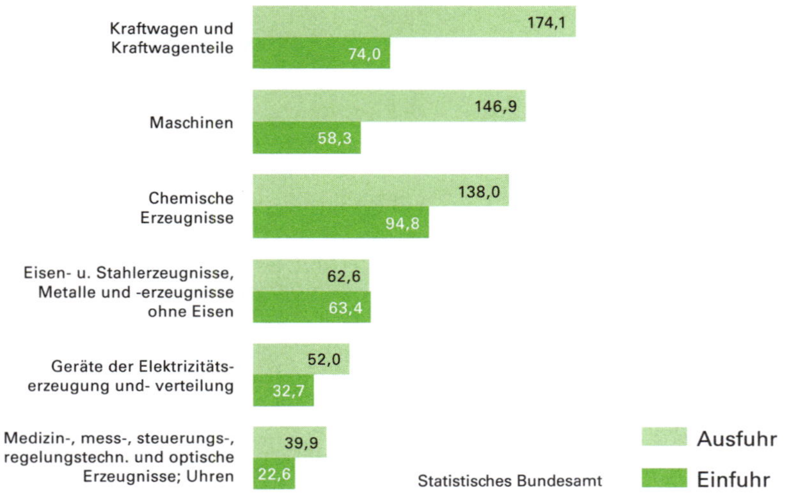

2 Zähle auf: Welche Güter werden deutlich mehr exportiert als importiert?

3 In welcher Branche hält sich Export und Import in etwa die Waage?

4 Welche beiden Güter werden hauptsächlich importiert?

5 Ergänze die Tabelle.

Güter	Exportüberschuss in Mrd. €	Importüberschuss in Mrd. €
	11,891	
Kraftfahrzeuge		
	37,084	
	22,001	
Erdöl, Erdgas		
	0,07	

6 Um dir die Höhe des größten Exportgutes zu verdeutlichen, schreibe sie als ganze Zahl mit Branchenangabe auf.

7 Fülle die Tabelle aus.
Beginne mit der Überschrift, der Angabe der Geldeinheiten und trage dann die Zahlen ein.

Güter	Export	Import	Export-überschuss	Import-überschuss
Kraftfahrzeuge				
Elektrische und elektronische Maschinen und Geräte				
Chemische Erzeugnisse				
Erdöl und Erdgas				
Nahrungs- und Genussmittel und Getränke				
Metalle und Metallerzeugnisse				

8 Welche zusätzliche Information ermöglicht die Tabelle gegenüber dem Diagramm?

9 Welche weiteren Fragen bleiben in der Tabelle und im Diagramm unbeantwortet?
– Wohin werden die Kraftfahrzeuge exportiert?

Umfangreiches Balkendiagramm

1 Überfliege das folgende Balkendiagramm. Welche Informationen erhältst du?

2 Formuliere eine Überschrift für das Diagramm als vollständigen Satz.

Beschäftigte im Bereich der erneuerbaren Energien in Deutschland 2004, 2007 und 2008

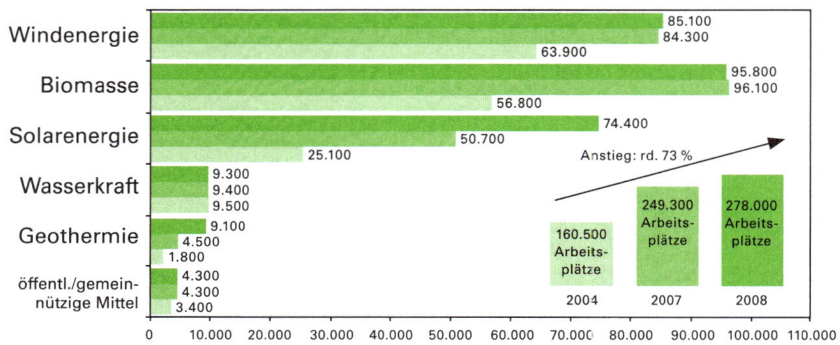

Biomasse = Stromerzeugung aus fester, flüssiger, gasförmiger Biomasse und Deponie- und Klärgas
Geothermie = Stromerzeugung aus Erdwärme
NGOS = Nichtregierungsorganisationen
BMU = Bundesumweltministerium

3 a) Wie ist die Entwicklung der Arbeitsplätze im Bereich der erneuerbaren Energien zwischen 2004 und 2008?

b) In welchen Jahren war der Zuwachs an Arbeitsplätzen in diesem Bereich deutlich?

4 Formuliere zwei weitere Fragen wie in Aufgabe 3 und beantworte sie.

Kreisdiagramm lesen, verstehen und in eine Tabelle umwandeln

Kreisdiagramme setzen sich aus verschiedenen Teilstücken zu einem ganzen Kreis zusammen, die meist farblich unterschiedlich dargestellt sind. Häufig beginnen die größten Teilstücken wie bei einer Uhr um 12 Uhr dem Uhrzeigersinn folgend.

1 Welche Informationen erhältst du im folgenden Kreisdiagramm?
Formuliere eine Überschrift für das Diagramm.

Deutschland: Rohöllieferanten 2007

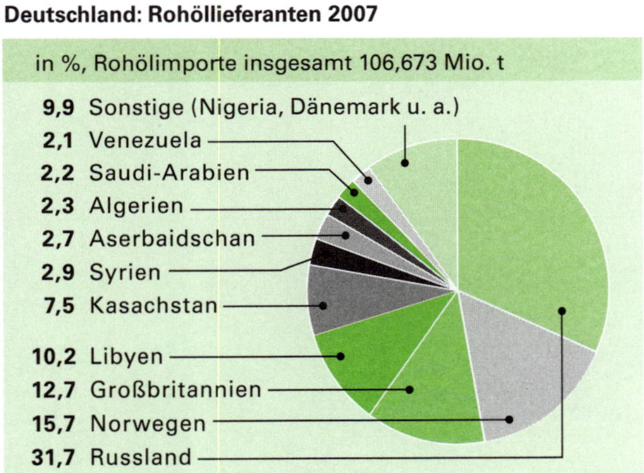

Quelle: Bundesamt für Wirtschaft und Ausfuhrkontrolle 2008

Erdöl zählt zu den wichtigsten Energieträgern der Welt, da aus Rohöl Produkte wie Heizöl, Kerosin, Diesel, Benzin, Schmieröle und Kunststoffe gewonnen werden.

2 Verschaffe dir eine Übersicht, woher Rohöl in Deutschland bezogen wird.

Europa (ohne Russland)	%	Asien	%	Nordafrika	%	Naher Osten	%	Südamerika	%
Summe									

Kurvendiagramm lesen und verstehen – Diagrammformen vergleichen

Kurvendiagramme zeigen Schwankungen über einen Zeitraum. Trends oder Entwicklungstendenzen lassen sich besonders gut im Kurvendiagramm ablesen. Wenn mehrere Kurven angeordnet sind, können parallele oder gegenläufige Entwicklungen dargestellt werden.

1 Überfliege das Kurvendiagramm. Welche Informationen erhältst du?

Deutschland: Mitgliederentwicklung der Parteien

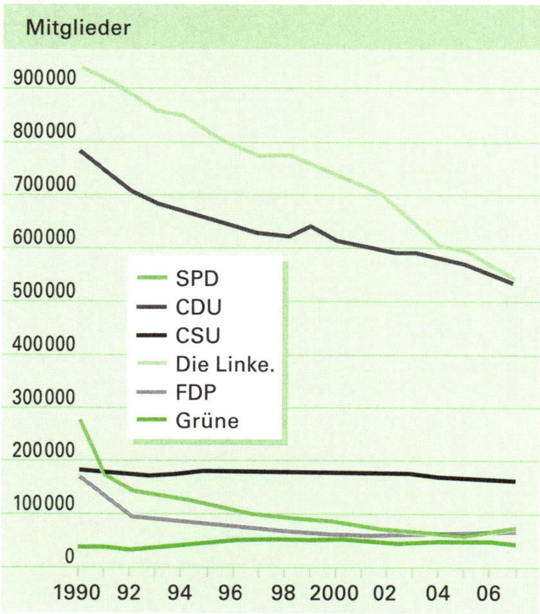

Quelle: Niedermayer, Oskar: Parteimitglieder in Deutschland: 2008

2 Bei der Bezeichnung von vier politischen Parteien handelt es sich um Abkürzungen. Schreibe die vollständige Bezeichnung auf.

SPD =

CDU =

CSU =

FDP =

3 Welche Tendenz stellst du fest, wenn du dir den Kurvenverlauf der beiden großen Parteien ansiehst?

4 Formuliere zwei weitere Fragen und beantworte sie.

5 Du hast bisher mit verschiedenen Diagrammformen gearbeitet. Kreuze an, was zutrifft.

- Das Kurvendiagramm ermöglicht eine exakte Darstellung der Zahlenwerte. ☐
- Im Kurvendiagramm lassen sich Entwicklungen und Tendenzen gut ablesen. ☐
- Mehrere Kurven im Kurvendiagramm lassen zum Beispiel Aussagen über Trends zu. ☐
- Das Kreisdiagramm wird mithilfe der Y-Achse und der X-Achse dargestellt. ☐
- Im Kreisdiagramm kann ich verschiedene Teile eines Ganzen schnell erkennen. ☐
- Im Säulendiagramm kann ich konkret die Veränderungen von Säule zu Säule ablesen. ☐
- Im Säulendiagramm sorgen konkrete Zahlen für eine exakte Wiedergabe der Mengen. ☐
- Im Balkendiagramm sind die Balken senkrecht an der Y-Achse angebracht. ☐
- Das Balkendiagramm ist dem Säulendiagramm ähnlich, nur dass an der Y-Achse die Rechteckflächen angebracht sind. ☐

Text 1: Drehwurm im Wohnturm

Texte verstehen – ein Précis schreiben

Bei dem Précis handelt es sich um eine kurze Textzusammenfassung, die in erster Linie durch das Kürzen des Ausgangstextes entsteht. Dafür ist es notwendig, den Textinhalt zu verstehen und ihn Schritt für Schritt so zu kürzen, dass grundlegende Textaussagen bestehen bleiben. Insgesamt wird der zu bearbeitende Text auf ca. ein Drittel gekürzt.

1 Lies jeweils die ersten und letzten Wörter der beiden Abschnitte. Was erfährst du?

____

Drehwurm im Wohnturm

In Dubai entsteht derzeit der erste Wolkenkratzer, bei dem sich alle Etagen einzeln um die eigene Achse drehen können: Der Dynamic Tower. Das Gebäude verändert somit kontinuierlich seine Gestalt und garantiert allen Bewohnern unverbaubaren Meerblick. Durch Windkraftturbinen und Fotovoltaikanlagen zwischen den Stockwerken produziert es seinen Strom selber. Energieversorgung von außen ist unnötig, im Gegenteil: Es wird sogar überschüssige Energie abgegeben. „Wir bauen hier nicht einfach einen Wolkenkratzer", sagt der Architekt David Fisher. „Wir bauen ein grünes Kraftwerk."

Jede der 70 Etagen kann sich in nur einer Stunde komplett drehen – falls seine Bewohner es wünschen. Auf der Warteliste für die 200 Apartments stehen bereits mehr als 1100 Interessenten. Sie zahlen je nach Stockwerk zwischen 2,4 und 24 Millionen Euro. Dafür dürfen sie auch Luxus erwarten. Etwa einen Drive-in-Fahrstuhl, der ihr Auto in der Zentralachse auf einen Parkplatz direkt vor der eigenen Wohnungstür hievt. Einen zweiten Dynamic Tower plant David Fisher auch schon. Er soll in Moskau stehen.

In: National Geographic. Februar 2009, S. 16 (kein Verfasser)

2 Erschließe die Grundinformationen durch die Beantwortung folgender W-Fragen:

Wer? ____

Was? ____

Wo? ____

Wann? ____

Warum? ____

3 Markiere das Besondere an diesem Wolkenkratzer farbig.
4 Streiche nun den Text auf ca. 50 Wörter.
5 Schreibe den gekürzten Text auf. Verändere gegebenenfalls den Satzbau oder die Satzverbindungen.

____

____

____

____

____

____

Text 2: Griechenland – Die neue Schlacht von Marathon

Inhaltsangabe schreiben

In der Inhaltsangabe wird das im Text dargestellte Geschehen in eigenen Worten zusammengefasst. Eine Inhaltsangabe besteht aus einem Einleitungssatz, in dem Angaben zum Autor, zur Textsorte und **zur Kernaussage des** Textes vorkommen, und einem Hauptteil, in dem der Inhalt des Textes wiedergegeben wird. Eine Inhaltsangabe ist informativ geschrieben, man verwendet das Präsens.

Texte zusammenfassen – Inhaltsangabe vorbereiten – Einleitungssatz formulieren

1 Überfliege jeweils die erste Zeile der folgenden Abschnitte. Was erfährst du?

Griechenland – Die neue Schlacht von Marathon

Gerd Höhler

Von allen Stränden in der Umgebung Athens ist vielen Hauptstädtern der von Schinias in der Bucht von Marathon am liebsten: Die Pinienwälder reichen bis ans Wasser, das ganz klar ist, gegenüber erhebt sich die mächtige Bergsilhouette der Insel Euböa aus dem Meer. Eine geschichtsträchtige Gegend: Hier, in der Ebene von Marathon, besiegten im Jahre 490 vor unserer Zeitrechnung die Athener die zahlenmäßig weit überlegenen Perser. Nach gewonnener Schlacht rannte der Bote Phidippides von Marathon ins etwa 40 Kilometer entfernte Athen, um dort den Sieg über die Perser zu melden – der erste Marathonlauf. Ein zwölf Meter hoher Grabhügel erinnert an die 192 Athener, die in der Schlacht gegen die Perser fielen.

Jetzt zeichnet sich eine neue Schlacht von Marathon ab – diesmal nicht gegen die Perser, sondern gegen ein Firmenkonsortium, das in der Bucht von Marathon Griechenlands größten Offshore-Windpark plant. Zwei Kilometer vor der Küste wollen die Investoren hier auf einer Fläche von 4200 Hektar 90 Windgeneratoren aufstellen. Die Betonpfeiler sollen 30 Meter tief in den Meeresgrund getrieben werden und 153 Meter über dem Wasser aufragen – so hoch wie die Türme des Kölner Doms. Die Rotoren sollen einen Durchmesser von 126 Metern haben. Jede der 90 geplanten Anlagen wird rund 800 Tonnen wiegen und fünf Megawatt (MW) leisten. Über Unterseekabel soll der Strom zum Festland geleitet und ins Netz eingespeist werden.

Mit einer Gesamtleistung von 42 000 MW könnte der Windpark etwa fünf Prozent des griechischen Stromverbrauchs decken. Damit würde Griechenland bei der Nutzung der Windenergie einen großen Schritt nach vorn machen. Obwohl das Land dank stetiger Winde beste Voraussetzungen für diese Art der umweltfreundlichen Stromerzeugung bietet, sind bisher in Griechenland wegen politischen Desinteresses und bürokratischer Hürden erst Windkraftanlagen mit einer Gesamtleistung von knapp 1000 MW installiert. Zum Vergleich: in Spanien sind es 16 800 MW, in Deutschland sogar 24 000 MW.

Aber während jetzt die zuständigen Ministerien in Athen die Windpark-Pläne auf ihre Wirtschaftlichkeit und ihre Umweltverträglichkeit hin prüfen, regt sich Widerstand bei der örtlichen Bevölkerung. Die Gemeinderäte der drei benachbarten Ortschaften Marathon, Rafina und Nea Makri haben sich bereits einstimmig gegen das Projekt ausgesprochen. „Wir sind nicht aus der Stadt hierher ans Meer gezogen, damit man uns jetzt ein solches Monstrum vor die Nase setzt“, sagt Thanos Kyrkos, ein Anwohner.

Wie er fürchten die meisten Bürger der betroffenen Region nicht nur, dass der Windpark den Blick aufs Meer und zur Insel Euböa verschandeln wird. Sie erwarten auch Lärmbelästigung durch die Rotoren und Schäden für die Fischbestände in der Bucht – Sorgen, die von Fachleuten als unbegründet bezeichnet werden: Eine Lärmbelästigung sei ausgeschlossen, da der Park zwei Kilometer vor der Küste liege, sagt Konstantinos Moutzouris, Windenergie-Experte an der Technischen Hochschule Athen. Und die im Meer verankerten Pfeiler der Generatoren würden sogar dazu führen, dass der Fischreichtum in der Bucht zunimmt.

Doch trotz solcher Beschwichtigungen wächst der Widerstand. Jetzt haben sich auch führende Archäologen gegen das Projekt ausgesprochen: Der geplante Windpark verfälsche den historischen Charakter der Region, heißt es in einem Gutachten. Wann die zuständigen Ministerien über das Vorhaben entscheiden werden, steht noch nicht fest.

(In: Frankurter Rundschau Online vom 29.5.2009)

2 Lies den Text gründlich und markiere Abschnitt für Abschnitt die Kernaussagen.
3 Notiere am Rand eines Abschnitts, worum es in diesem Abschnitt geht.

4 **Wer** schreibt diesen Zeitungsartikel? ______________________

Wo erscheint er? ______________________

Wann wird er veröffentlicht? ______________________

Wie lautet der Titel? ______________________

5 Wähle zwei Aussagen aus, die du für besonders wichtig hältst.

- ☐ Die Entscheidung über den Bau eines Offshore-Windparks steht noch aus.
- ☐ Die Gemeinden protestieren gegen den geplanten Windpark, weil sie neben der Verschandelung der Landschaft auch Lärmbelästigung und Veränderungen der Fischbestände befürchten.
- ☐ Die Ärchäologen fürchten um den historischen Charakter der Region.
- ☐ Mit dem Windpark könnten fünf Prozent des gesamten griechischen Strombedarfs gedeckt werden.
- ☐ Griechenland besitzt nur wenige Windkraftanlagen, obwohl die Windvoraussetzungen optimal sind.

6 Formuliere aus diesen zwei Aussagen einen Satz über das Thema des Zeitungsartikels.

____

7 Im Einleitungssatz werden der **Titel**, der **Autor**, die **Textart**, das **Thema** (wer? wo? wann? was?) und das **Erscheinungsdatum** des Textes genannt. Formuliere die Einleitung der Inhaltsangabe möglichst in einem Satz.

____

____

____

Text 3: Was exzessive SMS-Nutzung im Gehirn anrichtet

Texte zusammenfassen – Inhaltsangabe schreiben

1 Überfliege den Text. Worum geht es?

Was exzessive SMS-Nutzung im Gehirn anrichtet
Wolfgang W. Merkel
Welt online – 27. Mai 2009

Eine Forscherin hat drei Jahre lang das SMS-Verhalten von Jugendlichen beobachtet. Einige senden täglich Hunderte von SMS. Mit fatalen Folgen. Andererseits: Geschäftstüchtige Therapeuten haben schon manche Krankheit erfunden. Folgt jetzt eine Modediagnose „SMS-Sucht" als Zerstörer von Körper und Geist?

Das massive Schreiben von Textnachrichten (SMS), wie es bei manchen Jugendlichen üblich ist, könne zur Sucht werden und mache krank, sagen amerikanische Kinderärzte. Das Problem sei zwar noch wenig untersucht, doch Sherry Turkle geht davon aus, dass das Kommunikationsmittel die Entwicklung der Heranwachsenden schon nachhaltig verändert und bisweilen gestört hat. Die Professorin für Sozialstudien und Technologie am Massachusetts Institute of Technology in Boston hat das jugendliche SMS-Verhalten über drei Jahre hinweg analysiert. Martin Joffe, Kinderarzt aus Greenbrae in Kalifornien, der eine Studie zum SMS-Verhalten von Jugendlichen zweier Highschools durchführte, fand einzelne Schüler, die täglich Hunderte von SMS verschicken, wie er der „New York Times" schilderte. Also alle paar Minuten eine.

Nach einer Erhebung des Marketingskonzerns Nielsen sendeten und empfingen US-Jugendliche im vierten Quartal 2008 2272 SMS pro Monat, 75 pro Tag, knapp fünf pro Stunde während 16 Stunden pro Tag im Wachzustand – Ausschläge nach unten und oben gemittelt.

Macht simsen wirklich krank? Geschäftstüchtige Therapeuten haben schon manche Krankheit erfunden, die nach etwas Medienrummel wieder im Schwarzen Loch des Vergessens verschwand. Folgt jetzt die Modediagnose SMS-Sucht als Zerstörer von Körper und Geist? Ganz abwegig ist SMS-Sucht als nichtstoffliche Form von Abhängigkeit nicht, auch die Spielsucht gilt Psychologen und Kinderärzten als ernste Persönlichkeitsstörung.

Auch das exzessive Texten kann sich aus Sicht von Experten verselbstständigen. Denn es biete die Befriedigung sozialer Bedürfnisse und vergewissere die Jugendlichen ihrer Gruppenzugehörigkeit in einer schwierigen Phase der Identitätssuche. Die neurologische Entsprechung: Schon das Signal einer ankommenden SMS könne zur Ausschüttung von Glückshormonen führen, zitiert der Hamburger Trendforscher Peter Wippermann kanadische Wissenschaftler. „Da findet eine Art mediales Kraulen statt als Ersatz für physische Nähe", sagte Wippermann der „Wirtschaftswoche".

Doch die Allgegenwart des Handys kann zum Problem werden. Jugendliche erzählten, dass sie auch spät nachts auf Nachrichten antworten, berichtet Joffe. Das verursache Schlafprobleme in einer Altersgruppe, die ohnehin anfällig für Schlafstörungen sei.

Auch Angst- und Aufmerksamkeitsstörungen sowie Schulprobleme sehen Mediziner als Risiko, aber auch orthopädische Störungen, etwa Sehnenscheidenentzündungen durch das Überbeanspruchen der Hand. Intensiver, exzessiv wiederholter Gebrauch der Daumen führten zu „muskuloskeletalen Störungen", wie man sie von Schreibkräften an Computertastaturen kenne, warnt Peter W. Johnson, Arbeitsmediziner an der University of Washington in Seattle. Für Sozialwissenschaftlerin Turkle stehen kognitive und Entwicklungsprobleme im Vordergrund.

Wenn Kontakte über die Distanz sehr einfach würden, dann könnten sich Teenager 15 Mal am Tag bei ihren Eltern rückversichern: „Mama, soll ich die roten oder die blauen Schuhe nehmen?“ So lerne man nicht, selbst Entscheidungen zu fällen. Ganz abgesehen von nahe liegenden Konzentrations- und Lernstörungen: Wer alle paar Minuten zugetextet wird und sofort antworten muss, kann keinen klaren Gedanken zu Ende entwickeln.

Möglicherweise hat das virtuelle Kraulen das physische schon bald verdrängt: Nach einer Umfrage des Instituts für Demoskopie Allensbach ziehen nur 36 Prozent der 14- bis 19-Jährigen ein persönliches Gespräch einer E-Mail oder SMS vor.

2 Kläre unbekannte Wörter.

3 Lies den Text gründlich und teile ihn in Sinnabschnitte ein.
Markiere die Kernaussagen.

4 Fülle den Schreibplan für die Inhaltsangabe mit Stichpunkten aus.

Einleitung	Wolfgang W. Merkel, Was exzessive SMS-Nutzung im Gehirn anrichtet, Zeitungsbericht, Welt online, 27.5.2009, drohende SMS-Sucht?
Hauptteil	
Fakten	
Vorteile	
Nachteile	aus medizinischer Sicht
Nachteile	aus sozialwissenschaftlicher Sicht
Schluss	mögliche Tendenz laut Umfrage des Instituts für Demoskopie Allensbach

5 Verfasse eine Inhaltsangabe mithilfe des Schreibplans. Achte auf die Verwendung des Präsens.

Vom Lesen zur Stellungnahme

Argumente erkennen und ergänzen – Stellungnahme vorbereiten

Für die thematische Auseinandersetzung mit einem Text ist es wichtig, das eigene Vorwissen zu aktivieren, um sich inhaltlich besser auf den Inhalt einzustellen und eventuell Argumente zu einem Thema zu ergänzen. Eine Stellungnahme kann nur Bestand haben, wenn diese inhaltlich begründet ist.

Text 1: Billige Shrimps – teuer bezahlt

1 Kennst du Shrimps? Dieses ist der englische Begriff für Krabben.
Schreibe sternförmig an das Cluster, was du darüber weißt.

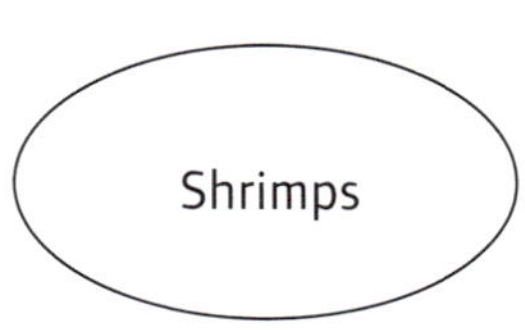

2 Lies die Überschrift von Seite 93 – was könnte sie bedeuten?

Billige Shrimps – teuer bezahlt

Eine Aquakultur vor der Westküste Thailands: Belüftungspaddel kreisen durch das algengrüne Becken und erzeugen weiße Schaumfahnen. Im Zentrum schießt eine Fontäne von sauerstoffreichem Wasser empor. Die Shrimpszucht ist ein gutes Geschäft für das südostasiatische Land: Im Jahr 2006 versorgten mehr als 30 000 Farmen Europa, Japan und die USA mit 280 000 Tonnen der Zutaten für Krabbencocktails und -salat. Der Verkauf brachte Thailand einen Erlös von umgerechnet knapp 1,5 Milliarden Euro. Doch der Einfluss auf die Umwelt ist beachtlich: Viele Mangrovenbestände fielen den Aquakulturen zum Opfer. Die Küste verliert damit den Schutz vor Sturmfluten und den Lebensraum wertvoller Speisefische. Zu viel Futter und chemische Schädlingsbekämpfung sorgen zwar für maximalen Ertrag, aber nach kurzer Zeit ist das Wasser derart verdreckt, dass die Firmen schließen und vor einen neuen Küstenstreifen umziehen müssen.

3 Lies den Text durch und erkläre folgende Wörter aus dem Textzusammenhang oder mithilfe eines Lexikons:

Mangroven: ______________________________

Aquakultur: ______________________________

4 Markiere im Text die Antworten auf folgende W-Fragen:

Wer baut etwas an?
Was wird angebaut?
Wo wird es angebaut?
Wie erfolgt der Anbau?
Wohin wird die Ware exportiert?
Welche Vorteile ergeben sich?
Welche Nachteile gibt es?

5 Halte die wichtigen Informationen stichpunktartig in der Mindmap fest.

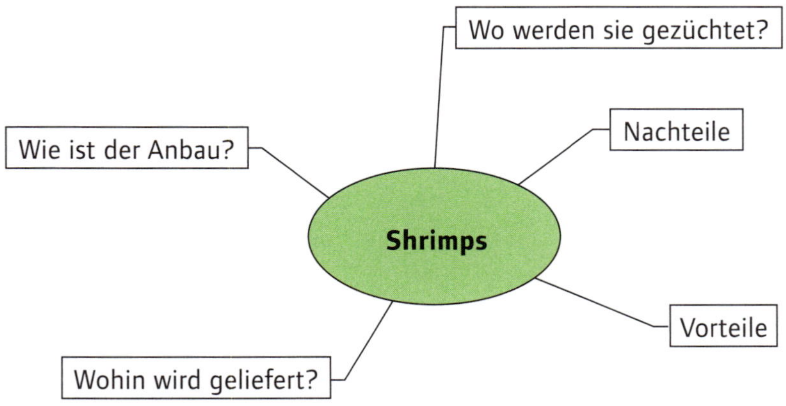

6 Diese Vor- und Nachteile können als Argumente für oder gegen die Shrimpszucht in Südostasien verwendet werden. Trage die Vor- und Nachteile in die Tabelle ein und ergänze sie mit eigenen Argumenten.

Vorteile	Nachteile
– gutes Geschäft	– Mangrovenwälder werden vernichtet
–	–
–	–
–	–
–	–

7 Die Überschrift dieses Artikels lautet: „Billige Shrimps – teuer bezahlt".
Die Bedeutung dieser Überschrift erschließt sich dir vielleicht erst, nachdem du den Text intensiv gelesen hast. Erkläre:

– Für wen sind die Shrimps billig? ______

– Wer bezahlt sie teuer? ______

– Warum sind sie teuer bezahlt? ______

Vergleiche deine Lösung mit deiner Antwort in der zweiten Aufgabe.

8 Wähle eine der Aussagen aus, die deiner Meinung entsprechen, und markiere dafür die passenden Argumente in Aufgabe 6:
– Die Vorteile der Shrimpszucht überwiegen.
– Die Nachteile der Shrimpszucht überwiegen.

9 Der Schreibplan der Stellungnahme:
Wähle einen der beiden Schreibpläne aus und ergänze ihn stichpunktartig.

Schreibplan 1: pro Shrimpszucht	Schreibplan 2: kontra Shrimpszucht
Überschrift: (z. B. billige Shrimps)	*Überschrift*: (z. B. teure Shrimps)
Einleitung: Aktualität der Frage – Shrimps aus Südostasien	*Einleitung*: Aktualität der Frage – Shrimps aus Südostasien
Hauptteil: Vorteile der Shrimpszucht – gutes Geschäft für Thailand – ______ – ______ – ______ – ______ – ______ – ______	*Hauptteil*: Nachteile der Shrimpszucht – Vernichtung der Mangrovenwälder – ______ – ______ – ______ – ______ – ______ – ______
Schlussteil: Nachteile der Zucht kurz benennen, aber Vorteile stärker gewichten.	*Schlussteil*: Vorteile der Zucht kurz benennen, aber Nachteile stärker gewichten.

Text 2: Frauen-Fahrverbot bröckelt

1 Überfliege die Überschriften und den Text auf Seite 95. Worum geht es in diesem Text?

______

Frauen-Fahrverbot bröckelt

Saudi-Arabien ist das einzige Land, in dem allen Frauen, auch Ausländerinnen, das Autofahren strikt verboten ist. König Abdullah hat das Thema zu einem gesellschaftlichen und nicht zu einem religiösen erklärt, nachdem sich Berichte über Frauen am Steuer in den Medien häuften.

Saudi-Arabien ist weltweit das einzige Land, in dem allen Frauen, auch Ausländerinnen, das Autofahren verboten ist. Manche Familien haben deshalb einen eigenen Chauffeur angestellt. Viele Frauen können sich die 200 bis 300 Euro, die der Chauffeur-Dienst kostet, nicht leisten. Sie müssen deshalb auf männliche Verwandte zurückgreifen, um sich zur Arbeit oder Schule, zum Einkaufen oder Arzt fahren zu lassen. Doch es gibt Anzeichen, dass die Öffentlichkeit dem Verbot zunehmend kritisch gegenübersteht.

Kein schriftliches Gesetz verbietet das Fahren

Die jüngsten Medienberichte konzentrierten sich somit auch nicht auf Frauen, die aus Protest Auto fuhren, sondern aus schierer Notwendigkeit. Fünf Frauen kamen deswegen vorübergehend in Gewahrsam. Eine von ihnen ist eine 47-Jährige, die von der Religionspolizei festgenommen wurde. Bürger, die die Frau in der Stadt Katif wiederholt am Steuer gesehen hatten, hatten die Sicherheitskräfte informiert, wie ein Mitglied der sogenannten Kommission für die Förderung der Tugend und Verhinderung des Lasters der Zeitung „Al Watan" sagte.

Gegner des Fahrverbots verweisen darauf, dass eine entsprechende Vorschrift weder im Gesetz noch im Islam bestehe. Tatsächlich gibt es kein schriftlich niedergelegtes Gesetz in Saudi-Arabien, das Frauen das Autofahren verbietet, sondern lediglich Fatwas, Erlasse ranghoher Geistlicher. Außerhalb Saudi-Arabiens fordert kein namhafter islamischer Geistlicher, Frauen vom Steuer zu verbannen. Verfechter des Verbots argumentieren, dass autofahrende Frauen zur Sünde verführen könnten. Sie könnten das Haus allein verlassen und mit fremden Männern – wie Verkehrspolizisten und Mechanikern – kommunizieren.

Pragmatik geht über Ideologie

Dabei besitzen viele saudische Frauen Autos und haben Führerscheine aus Ländern, in denen sie studiert oder gelebt haben. Einige haben das Fahren in entlegenen Wüstengegenden gelernt, wo pragmatisches Verhalten mehr zählt als Ideologie. Dort wird es weitgehend akzeptiert, wenn Frauen Traktoren oder Bewässerungsfahrzeuge fahren oder über kurze Strecken sogar Autos.

Im September vergangenen Jahres gründete eine Gruppe Frauen eine Organisation, um das Recht auf Autofahren durchzusetzen. Sie sammelten – ungehindert von der Regierung – 3000 Unterschriften und sandten zwei Petitionen an den König. Zum Tag der Frau im März stellte Wadscheha al Huwaider, ein Mitglied der Organisation, ein Video von sich selbst am Steuer auf YouTube ein. Bestraft wurde sie dafür nicht. Al Huwaider sieht das als ermutigendes Zeichen – „Das Thema ist ins Bewusstsein der Öffentlichkeit gerückt, und es wird darüber diskutiert."

2 Kläre die folgenden Fremdwörter aus dem Textzusammenhang oder mithilfe eines Lexikons.

Kommission: ______________________________

Pragmatik: ______________________________

Ideologie: ______________________________

Ergänze weitere dir unbekannte Wörter und erkläre sie.

____

____

3 Lies den Text. Kennzeichne Sinnabschnitte und schreibe die passenden Stichwörter an den Rand: Protest – pro Fahrverbot – Beispiel – Einleitung – Problem – kontra Fahrverbot.

4 Beantworte folgende W-Fragen.

Wer verbietet Frauen, Auto zu fahren? ______

Wo besteht dieses Verbot? ______

Warum wird Frauen das Autofahren verboten? ______

Ergänze weitere W-Fragen und die passenden Antworten, die du benötigst, um den Textinhalt vollständig zu erschließen.

______

______

______

______

5 Schreibe Argumente aus dem Text in Stichpunkten auf.

Pro Fahrverbot für Frauen	Kontra Fahrverbot für Frauen
– Autofahren kann zur Sünde verführen.	– Ärmere Frauen sind auf einen Mann in der Familie angewiesen, um mobil zu sein.
– ______	– ______
– ______	– ______
– ______	– ______
– ______	– ______

6 Ergänze mindestens ein eigenes Argument auf jeder Seite.

7 Fülle den Schreibplan für eine Stellungnahme gegen das Fahrverbot für Frauen in Saudi-Arabien aus.

Schreibplan

Überschrift:

Einleitung:

Hauptteil: ______

______

______

______

Schlussteil:

8 Formuliere mithilfe des Schreibplans eine Stellungnahme in dein Heft.

Teil 1: Nicht lineare Texte

Tabelle 1: Gesundheitsrelevantes Verhalten

Alter von … bis unter … Jahren	Bevölkerung		Auskunftsquote	Körpergröße im Durchschnitt
	insgesamt	mit Angaben		
	in 1000		Prozent	m
		männlich		
18 – 20	1006	746	74,1	1,81
20 – 25	2525	1903	75,3	1,81
25 – 30	2444	1878	76,8	1,80
30 – 35	2591	1982	76,5	1,80
35 – 40	3395	2615	77,0	1,80
40 – 45	3668	2812	76,7	1,79
45 – 50	3063	2375	77,5	1,78
50 – 55	2751	2161	78,5	1,77
55 – 60	2392	1897	79,3	1,76
60 – 65	2450	2010	82,1	1,76
65 – 70	2612	2200	84,2	1,75
70 – 75	1722	1447	84,0	1,74
75 und mehr	2286	1849	80,9	1,72
zusammen	**32 905**	**25 873**	**78,6**	**1,78**
		weiblich		
18 – 20	942	689	73,2	1,67
20 – 25	2390	1755	73,4	1,68
25 – 30	2364	1757	74,3	1,68
30 – 35	2500	1834	73,3	1,67
35 – 40	3270	2404	73,5	1,67
40 – 45	3544	2640	74,5	1,66
45 – 50	3075	2297	74,7	1,66
50 – 55	2841	2162	76,1	1,65
55 – 60	2410	1863	77,3	1,64
60 – 65	2537	2041	80,4	1,65
65 – 70	2848	2330	81,8	1,64
70 – 75	2053	1664	81,0	1,63
75 und mehr	4334	3218	74,2	1,61
zusammen	**35 107**	**26 654**	**75,9**	**1,65**

(Quelle: Statistisches Bundesamt)

1 Worüber gibt die Tabelle Auskunft?

____

____ Punktzahl: ______ (4)

2 Wie viele Menschen wurden befragt?

Frauen: ______ Männer: ______ Punktzahl: ______ (2)

3 Wie viele Frauen und Männer gaben prozentual Auskunft?

Frauen: ______________ Männer: ______________ Punktzahl: ______ (2)

4 Fülle die Textlücken aus.

Je älter Frauen sind, desto ______________________ Punktzahl: ______ (1)

Je älter Männer sind, desto ______________________ Punktzahl: ______ (1)

Der durchschnittliche Größenunterschied zwischen Männern und Frauen beträgt in den Altersstufen

18 bis ______ Jahren ______ cm,

25 bis 30 und 45 bis ______ Jahren ______ cm,

60 bis ______________ Jahren ______ cm. Punktzahl: ______ (3)

5 Vergleiche die durchschnittliche Größe von Frauen und Männern im Alter von 18 bis 20 Jahren mit denen im Alter von 40 bis 45 Jahren. Was stellst du fest?

____

____ Punktzahl: ______ (2)

6 Vergleiche das durchschnittliche Wachstum der Männer und Frauen im Alter von 75 und mehr Jahren zu den 18 bis 20-Jährigen. Was stellst du fest?

____

____ Punktzahl: ______ (2)

Tabelle 2: Gesundheitsrelevantes Verhalten

7 Erkläre: Welcher entscheidende Unterschied besteht zwischen der ersten und zweiten Tabelle?

____ Punktzahl: ______ (1)

8 Formuliere die Ergebnisse der letzten Zeile in einem Satz.

____

____ Punktzahl: ______ (3)

Alter von … bis unter … Jahren	Bevölkerung		Auskunfts-quote	Körpergröße im Durchschnitt
	insgesamt	mit Angaben		
	in 1000		Prozent	m
Insgesamt				
20 – 25	4916	3658	74,4	1,74
25 – 30	4807	3635	75,6	1,74
30 – 35	5091	3816	75,0	1,74
35 – 40	6665	5019	75,3	1,74
40 – 45	7212	5452	75,6	1,73
45 – 50	6138	4672	76,1	1,72
50 – 55	5591	4323	77,3	1,71
55 – 60	4803	3760	78,3	1,70
60 – 65	4987	4051	81,2	1,70
65 – 70	5460	4530	83,0	1,69
70 – 75	3775	3111	82,4	1,68
75 und mehr	6620	5067	76,5	1,65
Insgesamt	**68 012**	**52 527**	**77,2**	**1,71**

(Quelle: Statistisches Bundesamt Deutschland)

9 Ergänze das folgende Diagramm mit den Angaben aus der letzten Spalte der Tabelle 2. Punktzahl: ______ (6)

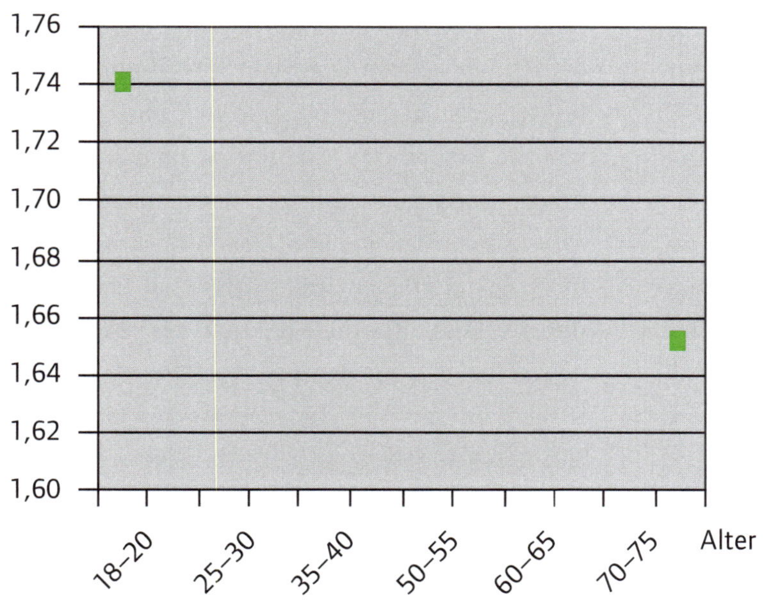

10 Verbinde die Punkte im Diagramm zu einer Linie. Punktzahl: ______ (1)

11 Beschrifte das Diagramm mit „Größe in m" und einer Überschrift. Punktzahl: ______ (1)

12 Erkläre: Welche Entwicklungstendenz zeigt sich im Kurvendiagramm?

Punktzahl: ______ (6)

Teil 2: Einen Sachtext verstehen und zusammenfassen

1 Überfliege jeweils die erste und letzte Zeile der Abschnitte und die Überschrift. Schreibe Stichworte zum erwarteten Inhalt des Textes auf.

Punktzahl: ______ (1)

Grenzen des Wachstums

Unsere Kultur träumt vom ewigen Wachstum, von der Entwicklung zu immer mehr Wohlstand, zu einem weiter und weiter gesteigerten Bruttosozialprodukt. Wohlstand scheint sich auch in der Körpergröße der Menschen zu zeigen. Jedenfalls sind die Menschen in den westlichen Industrienationen seit dem 18. Jahrhundert beständig größer geworden.

Insgesamt legten die Menschen hierzulande in den vergangenen 100 Jahren ungefähr 14 Zentimeter an Größe zu, erklärt der Anthropologe Professor Hans Jürgens. Er hat im Rahmen der Arbeit der EU-Normungskommission zahlreiche Messungen der Körpergröße durchgeführt und auch für das Zusammentragen bereits erhobener Daten Sorge getragen.

Für Europa beschreibt der Forscher ein deutliches Gefälle von Nord nach Süd – wobei im Norden die Niederländer am größten sind. „Auch innerhalb von Deutschland gibt es ein Nord-Süd-Gefälle", erläutert Jürgens. Dass aber die „Ossis" zur Wendezeit kleiner gewesen sein sollen als die „Wessis" und erst später im Längenwachstum aufgeholt haben, darüber wird bis heute in Fachkreisen gestritten.

Von den Experten wird das Phänomen des Längenwachstums „säkularer Trend" genannt, oder auch die „Biomorphose der Generationenfolge". Das klingt unglaublich wissenschaftlich, bedeutet aber letztlich nichts anderes, als dass die Kinder ihren Eltern schlicht über den Kopf wachsen. Doch was sind die Gründe für das beschleunigte Längenwachstum?

Schnell wird auf die Evolution und den Genpool verwiesen – größere Menschen können sich eben einfach besser durchsetzen, so eine landläufige Meinung. „Der Trend zum größeren Menschen ist fast ausschließlich eine umweltabhängige Entwicklung", sagt jedoch Frau Holle Greil, Professorin für Humanbiologie an der Universität Potsdam. Sie hat jahrelang im Rahmen von Wachstumsstudien selbst Daten erhoben. Derzeit arbeitet sie an einem anthropometrischen Projekt der Bundesanstalt für Arbeitsmedizin und Arbeitsschutz. „Richtige Ernährung und gute hygienische Bedingungen führen zu einer schnelleren Wachstumsgeschwindigkeit der Kinder", sagt die Wissenschaftlerin. „Die Genetik hat sich dabei nicht geändert", so Greil weiter, „sie ist natürlich die Grundlage für die Merkmalsausbildung. Eine Änderung des genetischen Pools spielt sich aber in Zeiträumen von Tausenden von Jahren ab." Ein genetisch bedingter Trend könne sich folglich nicht so schnell ausbreiten, argumentiert die Forscherin.

Vorsichtiger in der Begründung für das Phänomen des säkularen Wachstums ist der Anthropologe Jürgens. „Es gibt zahlreiche Theorien für das zunehmende Wachstum, vom positiven Einfluss der

Ernährung oder von Licht über den Einfluss von Schallwellen, bis hin zum mysteriösen Heterosis-Effekt." Es wurde festgestellt, dass Ehepartner, die über große Distanzen hinweg geheiratet haben, größere Kinder haben, als solche, die sich um die Ecke kennengelernt haben", führt Jürgens an. Das könnte bedeuten, dass sich bestimmte Merkmale wie die Körpergröße deutlicher ausprägen können, wenn die Eltern genetisch entfernter sind.

Um die Vielfalt der Theorien zu unterstreichen, berichtet Jürgens von der These des „Urbanisationstraumas", die der Kinderarzt Brennholdt-Thomson aufgestellt habe: Durch die Verstädterung komme es demnach zu einer Reizüberflutung, die über eine gesteigerte Aktivierung des unwillkürlichen Nervensystems sowie einer erhöhten Gehirnaktivität zu einer beschleunigten Reifung führe. Gerade schlechte Umweltbedingungen sind es hier, die zum Wachstum führen.

So unterschiedlich die Theorien über die Ursache des Wachstumsphänomens auch sein mögen, in einem ist man sich in Fachkreisen einig: Das Wachstum hat irgendwann ein Ende.

„Es gibt einen Endpunkt der positiven Entwicklung", so die Humanbiologin Greil. „Die Möglichkeiten, die in den Genen liegen, sind irgendwann ausgeschöpft. In Japan, Norwegen und den USA gibt es mittlerweile keinen positiven Wachstumstrend mehr, die Menschen werden nicht mehr größer." Genauso sieht dies Professor Jürgens: „In Nordwesteuropa und in der europäischen Bevölkerung der USA ist das Ende des Wachstums schon seit einigen Jahren erreicht." Der Mensch sei erblich konstruiert auf eine bestimmte Körperhöhe. „Irgendwann entstehen dann Kreislaufprobleme, das Herz schafft es nicht mehr, den Organismus ausreichend mit Sauerstoff zu versorgen, und auch die Stabilität des Knochengerüstes lässt nur eine bestimmte Höhe zu", so der Anthropologe. In Zahlen ausgedrückt: Auf dem Zenit seiner Größe, nämlich zwischen 20 und 25 Jahren, kann der männliche Deutsche eine Größe von 181 Zentimetern erreichen. Die Durchschnittsfrau ist mit 168 Zentimetern etwas kleiner. In Amerika wurde diese Stagnation des Wachstums schon seit einiger Zeit beobachtet. Die Amerikaner wurden von vielen Europäern sogar in ihrer Größe überholt.

Bruttosozialprodukt = das Gesamtergebnis des Wirtschaftsprozesses in einem Staat
Anthropologie = Wissenschaft vom Menschen und seiner Entwicklung in natur- und geisteswissenschaftlicher Hinsicht

Humanbiologie = Lehre von der Entstehung und Lebensweise des Menschen
anthropometrisch = die Maßverhältnisse des menschlichen Körpers betreffend

2 Lies den Text gründlich durch und markiere in jedem Abschnitt bis zu fünf Kernaussagen.

Punktzahl: ________ (9)

3 Schreibe die passenden Fragen oder Antworten in die Tabelle:

Frage	Antwort
	Die Menschen sind beständig größer geworden.
Wie viele Zentimeter sind die Menschen hier in den letzten 100 Jahren größer geworden?	
	Die Holländer sind die längsten Europäer.
Welche Gründe gibt Prof. Holle Greil für das beschleunigte Größenwachstum an?	
	Unter den zahlreichen Begründungen werden Ernährung, Licht, Einfluss von Schallwellen und der mysteriöse Heterosis-Effekt genannt.

Frage	Antwort
Was versteht man unter einem Urbanisationstrauma in diesem Zusammenhang?	
	Das Wachstum der Menschen hat irgendwann ein Ende.
Gibt es schon Beispiele für einen Wachstumsstopp?	
	Irgendwann gibt es Kreislaufprobleme, Stabilitätsprobleme mit dem Knochengerüst, die Versorgung des Körpers mit Sauerstoff wird schwierig.

Punktzahl: ______ (9)

4 Fasse unter den folgenden Überschriften jeweils den Text zusammen.
Entwicklungen seit dem 18., 19. und 20. Jahrhundert

Punktzahl: ______ (3)

Das Verhältnis zwischen Nord und Süd

Punktzahl: ______ (1)

Längenwachstum und Generationenfolge

Punktzahl: ______ (2)

Gründe aus Sicht der Humanbiologin Professor Greil

Punktzahl: ______ (3)

Vielfältige und zahlreiche Theorien zum Längenwachstum

Punktzahl: ______ (4)

Einigkeit in Fachkreisen

Punktzahl: ______ (2)

Grenzen des Wachstums

Punktzahl: ______ (2)

Teil 3: Informationen aus der Tabelle und aus dem Text miteinander verknüpfen

Trage unter den genannten Punkten die Informationen aus dem Zeitungsartikel und den Angaben des Statistischen Bundesamtes zusammen.

1 Gib die Entwicklung zur Körpergröße der Menschen seit dem 18. Jh. wieder und gib eine genaue Angabe zu den vergangenen 100 Jahren.

Punktzahl: ______ (3)

2 Belege diese Aussage mit den durchschnittlichen Größenangaben in der ersten Tabelle anhand der Angaben für die 75-Jährigen und älteren im Vergleich zu den 18- bis 20-Jährigen. Unterscheide zwischen Männern und Frauen.

Punktzahl: ______ (3)

3 Nenne zwei Gründe und die Grundlage für diese Entwicklung aus Sicht der Humanbiologie.

Punktzahl: ______ (3)

4 Gib die Aussagen des Textes zum Längenwachstum bezogen auf die Generationen wieder.

Punktzahl: ______ (2)

5 Gib aus der ersten Tabelle die Größendifferenz zwischen den Altersgruppen 25–30, 55–60, 75 und älter für beide Geschlechter an.

	Differenz zwischen 25–30 und 55–60 Jahren in cm	Differenz zwischen 55–60 und 75 und mehr Jahren in cm
Männer		
Frauen		

Punktzahl: ______ (4)

6 Gib den aktuellen Wachstumstrend wieder, wie Professor Jürgens ihn darstellt.

Punktzahl: ______ (2)

7 Vergleiche diese Aussage mit dem Kurvendiagramm im ersten Teil.

Punktzahl: ______ (2)

8 Formuliere die Ergebnisse der Aufgaben 1 bis 6 als flüssigen Text.

____

____

____

____

Punktzahl: ________ (10)

Auswertung

80 bis 100 Punkte:
Prima! Dir gelingt es, Wichtiges aus dem Text zusammenzufassen.
Du kannst mit dem Werkzeugkoffer für die Textbearbeitung sicher umgehen.
Weiter so!

50 bis 79 Punkte:
Das Ergebnis liegt im Mittelfeld, das heißt, du kannst deine Fähigkeiten noch steigern! Wiederhole die Übungen, die dir Probleme bereiten.

0 bis 49 Punkte:
Leider konntest du nur ein schwaches Ergebnis erzielen.
Wiederhole die Übungen noch einmal Schritt für Schritt.

Summe Teil 3: ________ (29)

Summe Teil 2: ________ (36)

Summe Teil 1: ________ (35)

Gesamt: ________ (100)

Einführung
Grundlagen beherrschen
Seite 5

1
a), c), d), e)
d), e), f), g) ,h)
a), c), d), e), f), g), h), i)

Text 1: Chris Johns
Seite 7

1
Es geht um biologische Kraftstoffe.

2
Hybrid-PKW = Personenkraftwagen mit zwei Antrieben, einem Verbrennungs- und Elektromotor. Besonders dabei ist, dass die Bremsenergie zurück gewonnen wird. / schwefelarmer Diesel = Dieselkraftstoff, der kaum Schwefel bei der Verbrennung freisetzt.

3
lange Strecken – Verbrauch von 5 Litern auf 100 km – fährt auch mit Biodiesel, der aus nachwachsenden Pflanzen hergestellt wird – Biodiesel stößt 60 % weniger Treibhausgase bei der Verbrennung aus als Diesel aus Erdöl

Text 2: Grüne Träume
Seite 9

1
Mögliche Deutung: Biosprit könnte Träume von umweltfreundlicheren Kraftfahrzeugen verwirklichen.

2
CO_2 = Kohlenstoffdioxid, auch Kohlendioxid genannt, trägt zur Erwärmung der Erde bei / Kohlenstoff = wesentlicher Stoff in der Natur und lebendigem Gewebe, kommt besonders in Erdöl, Erdgas und Kohle vor / fossil = in früheren Zeiten der Erdgeschichte entstanden / Pestizide = chemisches Schädlingsbekämpfungsmittel / Erosion = Abtragung an der Erdoberfläche durch Wasser, Wind und Eis

4
a) Bauern und Landwirtschaftskonzerne
b) Biotreibstoff wird unter anderem aus Mais hergestellt, der bei seiner Zucht große Mengen an Pestizide und Stickstoffdünger braucht. Der Maisanbau kann mehr Bodenerosion verursachen als jede andere Nutzpflanze. Durch die Herstellung von Ethanol aus Mais werden ungefähr so viel fossile Brennstoffe verbraucht wie durch Ethanol eingespart werden.
c) Steigende Preise für Sojabohnen und Mais könnte dazu führen, dass Bauern brachliegendes Ackerland wieder bewirtschaften, was unter Umständen zu vermehrter Kohlenstofffreisetzung führen kann.

5

Positive Aspekte des Biotreibstoffes	Negative Aspekte des Biotreibstoffes
– neue Märkte für die Landwirtschaft	– nicht umweltschonend
– Abhängigkeit vom Erdöl wird verringert	– Mais benötigt große Mengen Pestizide und Stickstoffdünger
– CO_2-Ausstoß wird gesenkt	– Anbau von Mais kann Bodenerosion verursachen
– Autos könnten mit Biosprit CO_2-neutral fahren	– Herstellung von Ethanol aus Mais verbraucht ca. so viele fossile Brennstoffe wie es einspart
	– steigende Preise für Mais und Soja können zum Anbau auf bisher brachliegenden Flächen führen
	– unter Umständen würde mehr Kohlenstoff freigesetzt

6
Mögliche Erklärung: Die Erderwärmung durch Abbau des Kohlenstoffdioxids zu verringern, gehört zu dem Anliegen umweltbewusster Menschen. Grün kann symbolisch als Farbe der Natur und Umwelt angesehen werden. In Verbindung mit Träumen bedeutet dies, dass der Biosprit die Umwelt nicht verbessern wird. In diesem Artikel überwiegen die negativen Aspekte des Biosprits, daher kann die Überschrift „Grüne Träume" nur ironisch gemeint sein.

Seite 10

7
Antwort 2 und 3 treffen zu; auch 1 und 5 sind richtig.

Seite 10

Arbeitsvorbereitende Schritte: Zur Überschrift: Die wichtigen Häfen innerhalb Deutschlands werden aufgeführt und dessen Güterumschlag gemessen in Millionen Tonnen. / **Zu Abkürzungen und Fachbegriffen:** a) Million, b) Tonne, c) Waren, die entladen oder verladen werden d) Hafen innerhalb eines Landes

1
Die Duisburger Häfen schlagen mit Abstand am meisten um, nämlich zwischen 50 und 55 Millionen Tonnen. An zweiter Stelle liegt Köln mit 10 bis 15 Millionen Tonnen Umschlag. Die Binnenhäfen Neuss, Karlsruhe, Ludwigshafen, Mannheim, Hamburg schlagen zwischen 5 und 10 Millionen Tonnen. Die Angaben beziehen sich auf die Jahre 2008 und 2009.

2
Im Vergleich zum Jahr 2008 wurde 2009 in allen Binnenhäfen mehr oder gleich viel umgeschlagen.

Seite 11

3
Das Wirtschaftswachstum von 1,2 % im Jahr 2009 wird insbesondere in Köln und in den Duisburger Häfen deutlich sichtbar; es kommt in den genannten Häfen zu einer 5 %-igen Steigerung des Umschlags.

Text 3: Clowns, Maurer oder Dichter
Seite 11

1 Mögliche Antwort:
Es geht um drei Berufe. – Vater und Sohn sprachen über Teller und Kuchen, die auf einen Tisch gestellt werden sollten. – Nachdem der Vater dem zehnjährigen Sohn die Anweisung gegeben hatte, den Kartoffelkuchen auf die Teller zu verteilen, ging er aus der Küche, um die Gäste zu begrüßen. – Als der Vater zurückkam, hatte der Sohn die Kuchen auf einen Teller gestapelt. – Der Vater beschwerte sich beim Sohn, ob er nicht gesehen hätte, dass der Teller zu klein gewesen wäre, doch dieser konterte, dass der Kuchen doch auf den Teller passe. – Der Vater fragte sich, was aus dem Jungen werden solle. – Einer der Freunde schlug vor, dass er in den Zirkus gehe oder Maurer werde, da er ein erstaunliches Gefühl für Balance habe. – Ein zweiter Freund sah, dass der Junge Dinge so verknüpft, dass die Erwachsenen staunten, daher würde aus ihm vielleicht ein Dichter.

Seite 12

2
Der Vater fragt sich, was aus dem Jungen noch einmal werden soll, weil er einen Kuchen aufeinander türmt, anstatt ihn gleichmäßig auf Teller zu verteilen. Ein Freund des Vaters glaubt, der Junge würde einmal in den Zirkus gehen oder Maurer werden, da er ein erstaunliches Gefühl für Balance habe. Ein anderer Freund vermutet, dass er Künstler würde, da er Dinge miteinander verknüpft, die einen zum Staunen bringen. Vielleicht würde er Dichter.

Lesetraining

Wörter und Sätze lesen – den Sinn erfassen

Seite 13

1–3

Jugendliche, Olympiade, Einstellungstests

Seite 14

1

Abenteuer, Schreibtisch, Etagenbett; Kunstband, Geschwindigkeit, Sicherung, Dokument, Mittelalter, Hotel- oder Motelführer, Staubsauger

2

Erdbeben, Sohle, Hass, Kiel, Nordrhein-Westfalen, Zugspitze, Sylt, München, Elbe

Seite 15

3

1 + e, 2 + a, 3 + b, 4 + c, 5 + d

Seite 15

1–3

- eben, bohren, Kaufhaus, Hermes, Pinguin, Geige, Fahrrad
- Barcelona, Liechtenstein, Essen, Amazonas, Hongkong
- Shakespeare, Fledermaus, Hohlbein

Literarische Texte lesen und verstehen

Gedichte lesen und verstehen

Liebesgedicht 1

Seite 16

1

Antworten im Uhrzeigersinn beginnend oben rechts: Ja – 2 – 4 – „Fräulein" im Titel, 1. und 5. Vers – je ein Satz pro Strophe, ja – Kreuzreime – ja, im ersten Vers

2

Antworten im Uhrzeigersinn beginnend oben rechts:
– Zweite Strophe: Das lyrische Ich spricht mit dem Fräulein. – In der ersten Strophe wird das Verhalten des Fräuleins beim Blick auf den Sonnenuntergang beschrieben. – Banges Seufzen (Vers 2) und Gerührtsein (Vers 3) – Handlung in der 1. Strophe: Rührung des Fräuleins, 2. Strophe – Sprachhandlung: Lyrisches Ich spricht mit dem Fräulein.

Seite 17

3

seufzte lang und bang, rührte so sehre

4

Aufforderung munter zu sein – „altes Stück", das heißt nichts Neues, nichts Bewegendes – Hinweis auf den alltäglichen Sonnenlauf

5

Das Fräulein stand am Meere und seufzte lang und bang.
Es rührte sie so sehre der Sonnenuntergang.
„Mein Fräulein! Sei'n Sie munter.
Das ist ein altes Stück.
Hier vorne geht sie unter und kehrt von hinten zurück."

6

Das Reimschema ist aufgehoben. Alle weiteren Punkte sind individuelle Entscheidungen.

Seite 18

2

Mögliche Antwort: Der Sonnenuntergang, eine Frau allein und das Meer sind typische Motive der romantischen Literatur. In der zweiten Strophe wird auf die ständige Wiederkehr der Sonne hingewiesen. Wenn man dies auf den Seelenschmerz des Fräuleins überträgt, so kommt und geht er ebenso und relativiert sich damit.

Seite 18

1–5

Das Fräulein stand am Meere

Und <u>seufzte</u> lang und bang,|
←
Es <u>rührte</u> sie so <u>sehre</u>
←
Der Sonnenuntergang.||

<u>Mein Fräulein!</u> ↑ || sei'n Sie <u>munter,</u> |

Das ist ein <u>altes</u> Stück; |

Hier <u>vorne</u> geht sie unter

Und <u>kehrt</u> von hinten zurück.
→

Seite 18

1

Antworten im Uhrzeigersinn beginnend oben rechts: Nein – 1 – 9 Verse – „Ich" kommt sechsmal vor – bis auf den letzen Satz gehen die vorherigen über das Versende hinaus – keine – ja (Titel und erster Vers wiederholen sich)

Liebesgedicht 2

Seite 19

2

Das Fräulein …		Ich kann dir die Welt …
Kreuzreim	Reimschema	nein
7 Silben, abwechselnd unbetont/ betont → Jambus	gleich bleibender Rhythmus, das heißt gleich bleibende Silbenzahl der Verse	11 oder 12 Silben unregelmäßig wechselnd
2 Strophen mit 4 Versen	Strophen und Verse	1 Strophe mit 9 Versen

3

Antworten im Uhrzeigersinn beginnend oben rechts: Das lyrische Ich spricht mit seiner Geliebten. – Das lyrische Ich zeigt seine Möglichkeiten auf, Liebe zu zeigen. – Die Liebe wird erklärt. – Sterne pflücken wird verneint, d. h. das lyrische Ich wird nicht das Unmögliche möglich machen. – Nein, es gibt keine Handlung im engeren Sinne, sondern eine Sprachhandlung: eine Liebeserklärung.

Seite 19

1

Welche Rolle spielt der kurze Vers?	Das Wort „pflücken" teilt das Gedicht in zwei Teile.
Was kann das lyrische Ich nicht leisten?	Zum Beispiel: Ich lege dir die Welt zu Füßen.
Benutzt das lyrische Ich übliche Klischees in der Liebeserklärung?	Diese Klischees werden benutzt, aber nicht bestätigt.
Was befürchtet das lyrische Ich?	Er wird nicht lang genug leben.

Seite 20

3

Welche Bedeutung haben der erste und letzte Vers für den Aufbau des Gedichtes?

Seite 20

a) Notwendige Kommata am Ende von Vers 7 (… tun, …) und am Ende vom ersten Vers (…legen, …). Die Schritte b) bis f) sind individuell lösbar .

Liebesgedicht 3
Seite 21
1
Antworten im Uhrzeigersinn beginnend oben rechts: Verschiedene Eigenschaften des Menschen sprechen – Es wird versucht, Liebe zu definieren. – Hauptsächlich negative Gefühle werden ausgedrückt – keine indirekten Gefühle – Es gibt nur eine Sprechhandlung.

2

Sprecher/Sprecherin	Es ist ...
Vernunft	Unsinn
Berechnung	Unglück
Angst	Schmerz
Einsicht	aussichtslos
Liebe	was es ist
Stolz	lächerlich
Vorsicht	leichtsinnig
Erfahrung	unmöglich

3
Es handelt sich um menschliche Eigenschaften, die personifiziert werden.

4
Mögliche Lösung: Liebe wird dargestellt als etwas, was sich nicht erklären lässt. Gleichzeitig soll das Gefühl der Liebe auch akzeptiert werden, so wie auch der Geliebte akzeptiert werden soll, wie er ist. Das Gefühl Liebe ist nicht an Bedingungen geknüpft, sondern existiert bedingungslos.

Seite 21
1
Mögliche Lösung: Im Gedicht werden eigene und fremde kritische Gedanken und Gefühle zur Liebe geäußert. Die Liebe selbst kann sich nicht erklären oder will sich nicht erklären, damit bleibt sie erhaben über die anderen Sorgen und Nöte.

Seite 22
2

Heiner Müller: Ich kann dir die Welt ...	Aspekte	Erich Fried: Was es ist
keine Reime, 1 Strophe, 9 Verse	Form: Reime, Strophen, Verse	keine Reime, 3 Strophen, 4–8–8 Verse
lyrisches Ich – ein Liebender	Wer spricht?	personifizierte Liebe und menschliche Eigenschaften
die Geliebte – Anrede mit du	Gibt es einen Adressaten?	keinen direkten Adressaten
alltägliche Grenzen der Liebe	Gib den Inhalt in wenigen Stichpunkten wieder.	menschliche Zweifel an dem Gefühl der Liebe und das Unerklärliche der Liebe
Liebe	Welche Gefühle werden ausgedrückt?	Schmerz, Angst, Stolz, Liebe
ja	Gibt es eine Liebeserklärung?	nein

Seite 22
1 und 2
„Es ist Unsinn“, |
sagt die Vernunft. |
„Es ist, was es ist“, |
sagt die Liebe. |
„Es ist Unglück“, |
sagt die Berechnung. |
„Es ist nichts als Schmerz“, |
sagt die Angst. |
„Es ist aussichtslos“, |
sagt die Einsicht. |
„Es ist, was es ist“, |
sagt die Liebe. |

„Es ist lächerlich“, |
sagt der Stolz. |
„Es ist leichtsinnig“, |
sagt die Vorsicht. |
„Es ist unmöglich“, |
sagt die Erfahrung. |
„Es ist, was es ist“, |
sagt die Liebe.

Seite 23
5

Sprecher/Sprecherin	entsprechendes Adjektiv
Vernunft	vernünftig
Berechnung	berechnend
Angst	ängstlich
Einsicht	einsichtig
Liebe	lieb
Stolz	stolz
Vorsicht	vorsichtig
Erfahrung	erfahren

Literarische Texte lesen und verstehen
Orientierendes Lesen
1. Schritt: Auf die äußere Form achten – Lyrik, Drama und Epik erkennen
Seite 24
1
Epik: Es handelt es sich bei dem Text „Die Stadt der wilden Götter“ von Isabel Allende um einen Fließtext. In der Er-Form wird über Alexander Cold erzählt.
Lyrik: Der Text „Noch bist du da“ wurde von Rose Ausländer in Gedichtform verfasst und besteht aus mehreren Strophen.
Drama: Im dem Text „Andorra“ gibt Max Frisch Regieanweisungen wie zum Beispiel „Der Soldat lacht“. In diesem dialogischen Text sprechen Barblin und ein Soldat.

Literarische Texte lesen und verstehen
Orientierendes Lesen
2. Schritt: Informationen aus dem Text sammeln – W-Fragen stellen und beantworten
Text 1: Die Küchenuhr
Seite 26
1
a), c)

3
Wer? – mindestens drei Personen / Wo? – draußen auf einer Bank / Was?– 1. Er setzte sich zu den anderen Menschen auf die Bank. 2. Er zeigte die Uhr. 3. Er sprach über die Küchenuhr.

Text 2: Die Entdeckung der Langsamkeit
Seite 26
1
Was wird entdeckt? – Wer entdeckt die Langsamkeit? – Warum wurde die Langsamkeit entdeckt?

Seite 27

2

War Johns Ziel weit entfernt? – Der Ort konnte noch weit entfernt sein. / Wohin wollte er? – Sein Ziel war ein Ort, an dem niemand ihn zu langsam fand. / In welche Richtung ging er? – Er ging in Richtung Meer.

3

War es heute besser, ihm nicht zu begegnen? – Hatte ein Erwachsener über das Weglaufen immer eine andere Meinung als ein Kind?

4

Wie ging es ihm? – Hatte er Unterstützung? – Wollte er zurück?

5

Welche Gebiete durchquerte oder überwand er?

6

Wer griff nach ihm, als er den Wald verließ?

Seite 28

7

Wer war auf dem Schiff? – John. John war auf dem Schiff.
Wo war das Schiff? – In der Bucht von Biskaya. Das Schiff befand sich in der Bucht von Biskaya.
Was tat er dort? – Rechnen. Er wollte einige Rechenaufgaben lösen.

9

unter Deck – Ablenkung durch Rechnen / auf dem Deck – Beobachtung des Sturmes / unter Deck – Bekenntnis zur Seefahrt

10

auf die Besatzung
- schmiegten sich an Seile oder Hölzer, um im präzis gewählten Augenblick neuen Halt zu suchen
- verständigten sich schreiend
- Menschen, die nichts an Deck zu suchen hatten, wurden fluchend unter Deck verfrachtet

auf die Schiffsausrüstung
- Reißen des Großmarssegels
- Bootmannseimer war umgeschlagen

auf das Meer
- schien weiß wie kochende Milch
- rollende Wogen, auf denen ganze Dörfer Platz hatten

11

John Franklin fühlte sich als „der geborene Seemann".

Literarische Texte lesen und verstehen
Intensives Lesen
1. Schritt: Textausschnitt in Etappen lesen und verstehen
Text 1: Hannah und der Schwarzkünstler Faust

Seite 29

1

Zum Beispiel: schwarze Magie, Explosionen, Versuche, Vorführungen, Liebe …

Seite 30

3

Wer handelt? Wann geschieht es? Was passiert? Was wurde geworfen?

5

Bei einem heftigen Gewitter Ende Mai 1506 blieb eine Kutsche auf einem Waldweg stecken und ein Bündel wurde herausgeworfen.

Seite 31

7

Der Kutscher zog und zerrte, mit einem letzten Ruck wurde das Wagenrad aus dem Morast gezogen.
- Was fand der Fremde in dem Bündel?
- Was fiel zu Boden und wurde vom Fremden eingesteckt?

8

Anordnung der Zahlen entsprechend der Reihenfolge im Textteil: 4, 5, 2, 6, 1, 3

9

Hannah lag in dem Bündel und der Schwarzkünstler Faust hatte sie mitgenommen.

Literarische Texte lesen und verstehen
Intensives Lesen
2. Schritt: Einen längeren Text in Etappen lesen, verstehen, Abläufe visualisieren
Text 2: Zwei Männer

Seite 32

1

14 Abschnitte

3

Wer? Peon, ein Indio, und der Famer, Herr genannt / Wo und Wann? Die Geschichte spielt im Februar in Argentinien. / Was? Gewaltiger Regen bedroht Menschenleben.

4

1, 4, 3, 2

Seite 33

5

Bisherige todesbedrohlichen Situationen	Eigene Rettung durch
ein Puma in der Nähe	ein kaltes Auge und eine gelassene Hand, d. h. sie haben sie notfalls getötet, um selbst zu überleben
einem Jaguar gegenübergestanden	
einer Kobra gegenübergestanden	

Seite 34

6

Peons Gedanken vor dem Ritual	Peons Gedanken nach dem Ritual
Ihm war deutlich, dass das Dach mit einem Mann länger halten würde, als wenn beide darauf sitzen würden. Da er nicht annahm, dass der Farmer freiwillig das Dach verließe, überlegte er ihn hinunterzukippen.	Der Farmer erschien ihm als guter Kamerad, der seinen Weg gehen solle. Er dagegen hätte seine Frau und sein Kind verloren. Wenn er selbst ins Wasser spränge, könnte das Dach vielleicht noch bis zum Morgen halten.

7 und 8

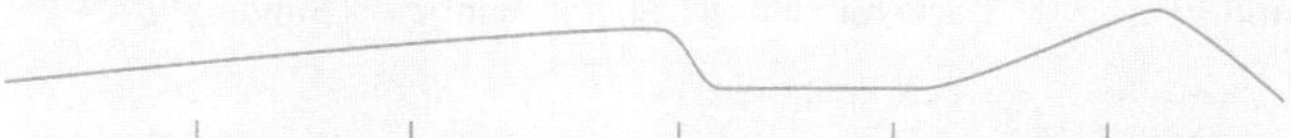

1	2 – 7	8 – 9	10 – 11	12 – 13	14
Hochwasser	Zuspitzung der Lage	Überlegung, Farmer vom Dach zu kippen	letzte gemeinsame Zigarette	Peon springt ins Wasser, Farmer rettet ihn	Rettung für beide Personen

Literarische Texte lesen und verstehen
Intensive Lesen
3. Schritt: Lesen, Verstehen, Abläufe visualisieren, Textabschnitte zusammenfassen
Text 3: Chronist der Winde

Seite 36

2

- Aus welcher Perspektive ist der Text geschrieben?
- Wie heißt der Ich-Erzähler?
- Warum war der Ich-Erzähler glücklich?
- Wo arbeitet der Ich-Erzähler?
- Was hat José mit den Straßenkindern zu tun?

3
Welchen Tätigkeiten gingen sie nach? – Diebstahl, Autos beschmutzen und danach Reinigungsdienste anbieten, Säcke schleppen. / Wovon ernährten sich die Straßenkinder? – Sie aßen und tranken, was ihnen auf der Straße zugänglich war / Lebten die Straßenkinder in Gruppen? – Ja, jede Gruppe hatte ein abgestecktes Revier und einen Anführer. / Welche Rolle spielte der Anführer einer Gruppe? – Der Anführer befahl, bestrafte und sprach sein eigenes Recht.

4
Sie verkaufen etwas und stehlen es zurück, sie verschmutzen Autos und bieten anschließend ihre Reinigungsdienste an; sie stahlen, sobald sich eine Möglichkeit bot.

Seite 37

5
Zum Beispiel: Der Bäcker José Antonio Maria Vaz. Das Straßenkind Nelio. Die Überlebenstricks der Straßenkinder.

6
Zum Beispiel: Reviere, Diktaturen, Anführer

7
José findet angeschossenen Nelio auf der Theaterbühne.

9

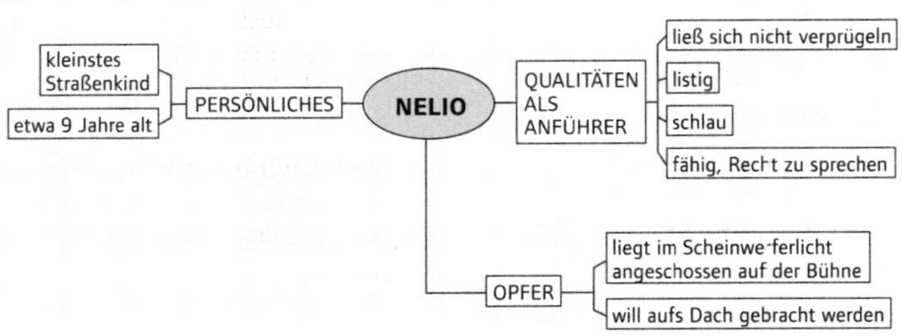

10 und 11

Dinoka zeigte ihm Nelio, als sie	*Er hörte durchdringendes Knallen aus dem leeren Theater*	*Er sah Nelio auf der Bühne verletzt liegend, es war still*	*Nelio schien tot, schlug dann die Augen auf und wollte aufs Dach*
1 im Laden *stand.*	2 nachts in der Bäckerei	3 auf dem oberen Rang	4 auf der Bühne

Literarische Texte zusammenfassen
Vorübungen für Inhaltsangabe
1. Schritt: Sinnabschnitte einteilen – Schlüsselwörter markieren – Thema bestimmen
Seite 38

1
Wer tat was? – Was wollte Gauß nicht? – Wer bewegt ihn dazu, abzureisen?

4
Mögliche Überschriften der Sinnabschnitte: Einladung nach Berlin – Probleme beim Aufstehen – Wutanfall wegen bevorstehender Reise – Umschwung durch die Mutter herbeigeführt – Grimmiger Aufbruch

Seite 39

5
Zum Beispiel: Erschwerter Aufbruch nach Berlin oder Gauß' Widerstand eine Reise anzutreten

Literarische Texte zusammenfassen
Vorübungen für Inhaltsangabe
2. Schritt: W-Fragen beantworten – Handlung verstehen, im Flussdiagramm zusammenfassen
Seite 39

1
7 Sinnabschnitte

Seite 40

2
a) Auf dem Weg zwischen Göttingen und Berlin – b) September 1828 – c) Gauß, ein großer Mathematiker, und sein Sohn Eugen – Vater und Sohn – d) Zum Beispiel: Gauß – kränkend und gemein, Eugen – sich unterordnend und gedemütigt – e) Gauß verlangt ein Buch und erhält eins von Eugens Lieblingsbüchern – Maschinen von morgen und der Zeit, in die man geboren und verhaftet sei – Erläuterung, Kritik und Wegwerfen des Buches „Deutsche Turnkunst" von Friedrich Jahn

Seite 41

3
Beleidigung und Verletzung des Sohnes – Gespräch über unverheiratete Tochter – Forderung Buch - Eugen gibt es Gauß – Monolog über Technik, Zeit, Existenz – Gauß beleidigt Eugen und schläft ein.

Literarische Texte zusammenfassen
Vorübungen für Inhaltsangabe
3. Schritt: Sinnabschnitte einteilen – Überschriften zuordnen – Mindmap vervollständigen
Seite 41

1
Erzählausschnitt gibt das Geschehen wieder, als Gauß und Eugen pausieren und Kartoffelsuppe essen.

Seite 42

2
Besetzung durch Napoleon: Napoleon nahm ab 1803 bis 1813 große Teile der deutschen Länder ein.
Befreiungskriege: 1813 verbündeten sich Russland, Preußen, Österreich und Schweden und zwangen den französischen Kaiser Napoleon auf seinen Thron zu verzichten.
studentische Verbindungen: Die Studenten, die an den Befreiungskriegen gegen Napoleon teilgenommen hatten, wollten sich mit der Unterdrückung der politischen Freiheit nicht zufrieden geben, denn die Ziele, die Einheit Deutschlands und die Freiheit der Bürger von der Willkür der Fürsten, wurden nach den Befreiungskriegen nicht verwirklicht.

5
Antworten im Uhrzeigersinn beginnend oben rechts:
ärmlicher Mann – Körper und Geist – Reisezeit – Eugen gab Passierschein – Gauß hatte keinen Pass – Deutschland werde frei sein – läuft weg – Gauß stimmte zu

Literarische Texte zusammenfassen
Text zusammenfassen - ein Précis schreiben
Text mithilfe der W-Fragen strukturieren – Wichtiges im Text erkennen
Text 1: Bahnwärter Thiel
Seite 43

1
Wer ist Thiel? – Thiel ist Bahnwärter.
Wie oft geht er in die Kirche? – Er geht jeden Sonntag in die Kirche zu Neu-Zittau.
Wann fehlte Thiel in der Kirche? – Wenn er Dienst hatte oder krank zu Bette lag, fehlte er. Wie oft war er krank? – In zehn Jahren war er zweimal krank.
Woran war er erkrankt? – Er hatte zwei Berufsunfälle, bei dem das Bein und die Brust verletzt wurden.

2
pflichtbewusst, robuste Gesundheit, religiös

3
Dienst. Eine Weinflasche wurde aus dem fahrenden Zug geworfen und traf seine Brust.

Literarische Texte zusammenfassen
Text zusammenfassen - ein Prêcis schreiben
Textteile kürzen
Seite 44

4
Genanntes, außer erster und zweiter Arbeitsunfall mit Erläuterungen.

Seite 44

2
Welcher Ort taucht immer wieder als zentraler Ort des Geschehens auf? – Wer begleitete Thiel nach fünf Jahren? – Wo wurde der Bund des Lebens geschlossen? – Wie lange saßen sie gemeinsam in der Kirche? – Welche Veränderung gab es dann?

Literarische Texte zusammenfassen
Text zusammenfassen - ein Prêcis schreiben
Abschnittsüberschriften bilden – Erzählschritte visualisieren – Text kürzen
Seite 45/46

1
– Thiel heiratete innerhalb eines Jahres wieder. Frau: dick, stark; Kuhmagd. – Gespräch mit dem Pastor vor der neuen Eheschließung. Motiv für die Heirat: Versorgung des Sohnes. – Tobias (Sohn) ist in Pflege bei einer alten Frau und wird schlecht behandelt. Thiel versprach seiner sterbenden Frau, für den Sohn gut zu sorgen. – Leute/Kirchgänger hatten an der korpulenten Frau äußerlich nichts auszusetzen. Ihr Gesicht war grob wie Thiels, aber seelenlos.

Seite 46

2
Sterbeglocke läutet. – Nach einem Jahr: – Erste Ehefrau stirbt. – Zweite Ehefrau: Gegenteil der 1. Frau; Thiel: Er wird bemitleidet. – Gespräch mit dem Pastor. Motiv der Ehe: Versorgung des Kindes – Tobias wird in der Pflege schlecht behandelt. – Thiel versprach für das Kind zu sorgen.

Seite 47

5
Mögliche Lösung: An einem Wochentage hatte die Sterbeglocke geläutet. An dem Wärter hatte man kaum eine Veränderung wahrgenommen, nur dass er den Nacken ein wenig gesenkt trug. Nach Verlauf eines Jahres verheiratete er sich zum zweiten Male, und zwar mit einem dicken und starken Frauenzimmer. Der Pastor gestattete sich, einige Bedenken zu äußern:„Ihr wollt also schon wieder heiraten?"„Der Junge geht mir drauf, Herr Prediger." Thiels Frau war im Wochenbett gestorben, und der Junge lebte und hatte den Namen Tobias erhalten. Tobias habe er einer Frau übergeben, die ihn beinahe habe verbrennen lassen. Er habe der Verstorbenen gelobt, für den Jungen Sorge zu tragen, deshalb habe er sich zu dem Schritte entschlossen. Gegen das neue Paar hatten die Leute äußerlich durchaus nichts einzuwenden. Die frühere Kuhmagd übertraf ihn an Gliederfülle. In seiner zweiten Frau hatte er eine musterhafte Wirtschafterin im Haus. Jedoch hatte seine Frau eine harte, herrschsüchtige Gemütsart. Man bedauerte den Wärter. (150 Wörter)

Literarische Texte zusammenfassen
Text zusammenfassen - ein Prêcis schreiben
Textinhalt zusammenfassen – Prêcis schreiben
Text 2: Der Stechlin
Seite 47

1
Wer oder Was? – Ein See aus einer Seenkette. / Wo? – Im Norden der Grafschaft Ruppin von Gransee bis nach Rheinsberg / Was? – Menschenarm, keine Vögel, sehr still

2
Glasöfen = Öfen, in denen hauptsächlich aus Quarzsand Glas geschmolzen wurde / Teeröfen = Durch Erhitzung der Stein- oder Braunkohle wurde Teer gewonnen / Schulzenamt = im Auftrag eines Herrn (Landesherr, Stadtherr) werden auf dem Schulzenamt Abgaben eingezogen

3
Der See Stechlin liegt im Norden der Grafschaft Ruppin in einer menschenarmen, stillen Gegend.

4
Beifügungssatz, Attribut, Relativsatz

Seite 48

8
Vulkanausbrüche und Erdbeben

10
Wenn fernab in der Welt die Erde bebt oder ein Vulkan ausbricht, dann brodelt das Wasser und ein roter Hahn steigt auf.

12
Nicht nur der See führt diesen Namen, auch der Wald und das lang gestreckte Dorf. Häuser bilden eine lange Gasse, die sich erweitert. An eben dieser Stelle findet sich die Herrlichkeit zusammen: Pfarrhaus, Schule, Schulzenamt, Krug. (36 Wörter)

Literarische Texte zusammenfassen
Inhaltsangabe schreiben
1. Schritt: Text verstehen – einen Einleitungssatz formulieren
Text 1: Verschlüsselt
Seite 50

2
Mögliche Lösung: Besuch mit einem ungeladenen Sohn – Konversation beim Tee – die Wasserspülung geht – aus Freude wird ein Schlüssel in der Toilette heruntergespült – Sohn wurde erfolglos beim Psychiater behandelt – Besuch geht, nachdem ein weiterer Schlüssel heruntergespült wurde – Hausherr hat ebenfalls Freude daran, Schlüssel wegzuspülen

3
Wer? – Erzähler und Ehefrau, Herr und Frau Lustig, Schragele / Wo? – Zuhause (beim Erzähler) / Wann? – Nachmittags / Was? – Nachmittagskaffee, Schlüssel in der Toilette heruntergespült, Freude am Tun, Haus durchs Fenster verlassen, Nachahmung

4
a) Titel, Autor, Textart, Thema ist unklar, Entstehungsjahr – b) Titel, Autor, Thema kurz – c) Titel, Autor, Textart, Thema, Entstehungsjahr

Text 2: Roman eines Schicksallosen
Seite 51

3
Wer ist Gyurka? – Welche Personen außer Vater und Sohn werden noch genannt? – Wann findet das Geschehen statt? – Ahnt der Vater etwas, sodass der Sohn bei ihm bleiben soll?

4
Antworten im Uhrzeigersinn oben rechts beginnend:
- von der Schule befreit, Tag beim Vater außerhalb der Regel, Gespräch mit der Stiefmutter
- tief erschüttert, sucht Gespräch mit dem Stiefsohn
- lässt seinen Schüler ohne weitere Fragen gehen, als er von der Einberufung des Vaters zum Arbeitsdienst erfährt

5
Titel? Roman eines Schicksallosen – Name des Autors? Imre Kertész – Textart? Roman – Erscheinungsjahr? 1975

7
Zum Beispiel: Der erstmalig im Jahr 1975 erschienene Roman „Roman eines Schicksallosen" von Imre Kertész beginnt mit der Beschreibung des Tages, an dem der jüdische Vater des Erzählers ins Arbeitslager muss.

Text 3: Ein perfekter Freund
Seite 53

1
Wer? – Fabio Rossi / Wo? – Im Bett mit Haltegriff und Klingel, Tisch mit Blumenstrauß, Kruzifix, abgedunkelter Raum im Krankenhaus / Was? – Fabio wacht im Krankenhaus auf, nimmt Krankenhausgeruch wahr, betastet den eigenen Körper nach Wunden und Gefühlsempfindungen, öffnet die Augen, klingelt panisch, jemand kommt und knipst die Nachttischlampe an.

2
Zum Beispiel: Der Beginn des Romans „Ein perfekter Freund" von Martin Suter, erstmalig erschienen im Jahr 2002, handelt von einem Mann, der verletzt, aber ohne Erinnerung in einem Krankenhausbett aufwacht.

Literarische Texte zusammenfassen
Inhaltsangabe schreiben
2. Schritt: Text verstehen – Hauptteil und Schluss erarbeiten
Text 4: Mein Onkel Fred
Seite 55
2 und 3
Mögliche Lösung: – Onkel Fred kommt 1945 nur mit einigen Zigaretten nach Hause. – 4 Wochen später: Seine Schwester, auch Mutter des Erzählers, fordert Fred auf, sich nach seiner alten Firma zu erkundigen, was er dem Neffen aufträgt. Die Firma ist zerstört. – Onkel Fred lässt seine Habseligkeiten auf dem Schwarzmarkt durch seinen Neffen verkaufen. Nur das Sparkassenbuch behält er. – 8 Wochen später: Onkel Fred wird aktiv und verschwindet. – Später kommt er angetrunken und mit 6 Zinkeimern zurück, mit denen er einen Blumenhandel eröffnet. – Seine Geschäftsidee ist erfolgreich, sodass er nach vier Wochen zwei Filialen betreibt und Steuerzahler wird.

4
b)

Seite 56
5
Mit dieser humorvollen Erzählung …

6
Zum Beispiel: Mit der humorvollen Erzählung „Mein Onkel Fred", verfasst 1951, gelingt es Heinrich Böll, ein positives Beispiel für den Neubeginn nach 1945 zu zeigen.

Text 5: Effi Briest
Seite 57
2
– Der angekommene Brief von Instetten regt Mutter und Tochter zu einem Gespräch über den älteren Instetten und die jugendliche Effi an. – Die Grundlage der idealen Ehe bildet für Effi die Gleichberechtigung, Zärtlichkeit und Liebe. – Wenn es keine Liebe und Zärtlichkeit in der Ehe gibt, sollte nach Effis Meinung Reichtum und ein vornehmes Haus an ihre Stelle treten. – Auf Nachfragen der Mutter bestätigt Effi, dass zuerst die Liebe, dann Glanz und Ehre in der Ehe kämen.

5
gleich und gleich, Zärtlichkeit, Liebe

6
Reichtum, ganz vornehmes Haus, Hofball, Galaoper, Glanz, Ehre, Zerstreuung

7 und 8
Mögliche Antworten: Wichtig: 1. = c, 2. = d, 3. = f, 4. = g, 5. = h

Seite 58
9
Mögliche Lösung: Effi erhält einen Brief von ihrem Ehemann Instetten und liest ihn. Anschließend spricht sie mit ihrer Mutter über den Verlobten. Frau Briest kennt Instetten und schätzt ihn als jemanden, der sich nicht nur gut benehmen kann, sondern auch Verständnis für die jugendliche Effi, seine Ehefrau und ihre Tochter, hat. Effi wünscht sich in der Ehe einen gleichberechtigten Umgang miteinander sowie Zärtlichkeiten und Liebe. Falls die Liebe ausbliebe, soll an ihrer Stelle ein luxuriöses Leben in höchsten Adelskreisen treten. Am meisten fürchtet sie die Langeweile in der Ehe.

10
Mögliche Lösung: Das Gespräch zwischen Mutter und Tochter zeigt, dass die Tochter genaue Vorstellungen von der Ehe hat.

Text 6: Osten
Seite 59
3

Ort	Informationen
Zuhause	Allgemeines zur Lebenssituation der Schriftstellerin: arbeitet am liebsten zuhause, verfasst erfolgreich Kriminalromane, lebt in glücklicher Ehe, Mitte vierzig
Zuhause	Entschluss zur Reise: ist für jemanden eingesprungen
Zuhause	Vorstellungen von dem Reiseland: verschneite Steppen, Eiswind, wirbelnder Schnee, Nomaden vor Zelten, Yaks, nächtliche Lagerfeuer, gewaltiger Sternenhimmel
Zuhause	Reisevorbereitungen: erfolgloser Versuch Geld zu tauschen, Visum in einer bescheidenen Botschaft geholt
im Flugzeug	Erfahrungen und Gedanken: endloser Flug durch die Nacht, Passagier neben ihr war füllig und schnarcht, seine Hand ist im Schlaf mehrmals auf ihren Schoß gefallen, Zweifel an dem Entschluss diese Reise angenommen zu haben
auf dem Zielflughafen	Eindrücke und neue Erfahrungen: Geruch nach Baustellen, schwirrende Fliegen, kein Geldautomat, Benzingeruch, schmutzige Glaswand, ein Mann in einem fleckigen Anzug erwartet sie

5
Bei ihrer Ankunft nimmt sie den Geruch von Baustellen und schwirrende Fliegen wahr, einen Geldautomaten findet sie nicht. Ein Mann in einem fleckigen Anzug erwartet sie dort.

6
Die Geschichte zeigt, dass die Vorstellung von fernen Ländern und schließlich die Realität auseinanderklaffen können; eine abenteuerliche Reise kann sich als Strapaze entpuppen.

Literarische Texte zusammenfassen
Inhaltsangabe schreiben
3. Schritt: Text verstehen – Inhaltsangabe schreiben
Text 7: Stasi-Besuch in Halle
Seite 60
2
Stasi = Staatssicherheit / DDR-Mark = Währung der Deutschen Demokratischen Republik / Familienbesuch = Besuch von einem Mitarbeiter der Stasi

Seite 60/61
3, 5 und 9

Person	Berufliches/Tagesablauf/Verhalten
Worch vor 25 Jahren	– lehnt Spitzeldienste ab – ein Mann namens Roland wollte ihn erpressen
Worch heute	– besucht gemeinsam mit Carla die Gerlachs in Halle – tauschen Westgeld gegen DDR-Mark – verbringt mit Carla gemeinsam den Tag – zögert Roland die Hand zu geben und ärgert sich, es doch getan zu haben – erinnert sich, dass der Stasi-Mitarbeiter vor 25 Jahren auch Roland geheißen hat, was kein Zufall ist – fragt, ob die Stasi ihn „kaufen" will, als Roland Geld anbietet – fordert Roland auf zu gehen

Person	Berufliches/Tagesablauf/Verhalten
Carla	– verbringt mit Worch gemeinsam den Tag – erkennt Familienbesuch nicht als Bezeichnung für Stasi-Besuch – Carla stellt sich als Worchs Kollegin vor – sie fühlt sich erpresst von Roland, der ankündigt über das außereheliche Verhältnis zuhause zu informieren – befürchtet, dass Roland ihren Mann über Worch informiert
Gerlachs	– Herr Gerlach arbeitet als Professor auch samstags im Institut – der Stasi-Besuch ist ihnen unangenehm
Roland	– kommt zu Gerlachs und will den Westbesuch begrüßen – spricht hallesche Mundart und wirkt aufgesetzt fröhlich – untersetzt, grauer Anzug, ausdrucksloses Gesicht – spielt auf Erinnerungen an – bietet Worch indirekt Geld an – weiß, dass Carla und Worch verheiratet sind und die jeweiligen Partner nichts von dieser gemeinsamen Reise wissen – möchte von Worch über Stuttgart, die Zeitung, den Arbeitsplatz, die Kollegen und Vorgesetzte etwas erfahren – setzt Worch eine Frist, um sich zu melden

Seite 62

6
Er bietet Geld an.

7
Sein Wissen über das außereheliche Treffen von Carla und Worch in Halle dient als Druckmittel.

Seite 63

10
Er möchte über Stuttgart und seinen Arbeitsplatz sowie seine Kollegen und Vorgesetzten etwas erfahren.

11
bietet Geld an – Carla spricht von Erpressung, Worch fragt, was er will – möchte Informationen über den Worchs Chefs

Literarische Texte zusammenfassen
Inhaltsangabe schreiben
Inhaltsangabe von Gedichten schreiben
Seite 64

1
1. Strophe: Mit Krähen der Hähne entzündet das lyrische Ich das Feuer im Herd. / 2. Strophe: Das lyrische Ich, die junge Magd, schaut traurig ins Feuer. / 3. Strophe: Ihr fällt der Traum über den treulosen Geliebten ein. / 4. Strophe: Sie muss weinen und wünschte der Tag wäre vorbei.

2
Eine vom Geliebten verlassene Magd.

3
Es passiert nicht: Mägdlein steht auf – sie singt – sie geht zurück ins Bett – sie lacht über sich selbst.

4

Gedanken	Gefühle	Wünsche
– da kommt es mir, dass ich von dir geträumet habe	– in Leid versunken – Träne auf Träne stürzet hernieder	– der Tag soll vorbeigehen

Seite 65

5
… einer verlassenen Magd, die morgens beim Feuermachen über den treulosen Geliebten weint.

6
b) ist richtig

7
a) sachlich falsch, denn es steht nicht im Gedicht, dass sie sich wünscht, er kommt zurück / b) erfüllt alle Anforderungen / c) die Information „Magd" fehlt, die wichtig ist, da dies in der Überschrift steht

8
Zum Beispiel: … wie sich eine unglückliche Liebe auf die Träume und den Arbeitsalltag auswirkt.

Seite 65

1

	Geschehen in der Natur	Geschehen im lyrischen Ich
1. Strophe	Knospen springen	im Herz ist die Liebe aufgegangen
2. Strophe	Vögel singen	er gesteht ihr sein Sehnen und Verlangen

2
Um einen jungen Mann

3
Unbestimmter Adressat

4
Zum Beispiel: verliebt, sehnsüchtig, freudig

Seite 66

5
Das Gedicht „Im wunderschönen Monat Mai" wurde 1822/1823 von Heinrich Heine verfasst und …

6
Als alle Vögel singen, gesteht der Jüngling ihr auch sein Verlangen.

Seite 66

1
2, 4, 3, 1

2
Zum Beispiel: Wehmut, Traurigkeit, Einsamkeit

3
Mögliche Lösung: In dem 1980 veröffentlichten Gedicht „Buchenblatt" von Rose Ausländer befasst sich das lyrische Ich mit dem Thema des Verlustes von Freunden und der Heimat. Ein Buchenblatt, so wie es das lyrische Ich aus der Heimatstadt kennt, fliegt ihm ins Zimmer. Es fühlt sich dadurch getröstet, denn Freunde und Heimat sind verloren und leben nur noch in der Erinnerung. Die Blattadern erscheinen wie eine Widmung der verlorenen Freunde aus der Jugendzeit sowie der heimatlichen Wälder und Berge. In diesem wehmütigen Gedicht wird die Sehnsucht nach vermissten Menschen und einer verlorenen Heimat ausgedrückt.

Gesamtübung I
Teil 1: Grundlegenden Kompetenzen
Seite 67

1–6
1 a) – 2 b) – 3 b) – 4 a), c), e) – 5 c) – 6 c)

Teil 2: Einen literarischen Text verstehen und zusammenfassen
Seite 67

1
Professor Lichtenberg, Mai 1777, Göttingen, Vorstellung der Person: Aussehen, Arbeitsfeld, Verhältnis zu Frauen

Seite 69

3
Lichtenbergs Äußeres: Buckel, 1,43 m groß
Reaktion der Menschen auf seine körperlichen Auffälligkeiten: fassten seinen Buckel an, bezeichneten die Ohren als Scheuerlappen
Charakteristisches: eitel, seine Studenten waren Kinder für ihn (auch richtig: neigte zur Melancholie)
Handlungen: geht vor die Tür, um Frauen zu sehen; hält experimentelle Vorlesungen mit Studenten.

4
Im Uhrzeigersinn oben rechts beginnend: Göttingen, 1777, Buckel, eitel, Studenten/Johann Gottwerth Müller/nach England, spazieren gehen/Wissen verbreiten

Seite 70

5
Lichtenberg hockte in Göttingen. Ohne Frau! Als er aus dem Haus trat, blies ein kleiner Wind. Den Frauen hob er die Röcke hoch. Lichtenberg sah ein paar Waden und vielleicht ein Knie.

6
Der Textauszug aus dem 1994 veröffentlichen Roman „Die Stechardin" von Gert Hofmann handelt von Professor Lichtenberg, der 1777 in Göttingen lebt. Lichtenbergs Erscheinung ist auffällig, denn er ist nur 1,43 m groß, hat Ohren „wie Scheuerlappen" und einen enormen Buckel, den die Leute gern betatschen. Er selbst ist eitel und trägt Schuhe mit Silberschnallen, versilberte Knöpfe und Perücken aus Echthaar. Sein Verhältnis zur Gelehrsamkeit ist zwiespältig, denn er hasst sie zuweilen, obwohl er seine Studenten als seine Kinder bezeichnet. In seiner Wohnung wohnt, arbeitet und lehrt er; viele Stühle, mehrere Arbeitstische und ein riesiger Bücherschrank gehören zu seiner Stube. Wenn es draußen windig ist, geht er gern auf die Straße, um den Frauen wenigstens ein wenig unter den Rock sehen zu können, denn er lebt ohne eine Frau.

7
Die Geschichte stellt uns einen ...

Sach- und Gebrauchstexte lesen verstehen und auswerten
Nicht lineare Texte
Bilder und Texte verstehen und auswerten
Bild 1: Die Herzogin Anna Amalia Bibliothek
Seite 71

1
Zum Beispiel: Bibliothek auf zwei Etagen, verzierte Decken und Wände, vorne recht Büste, zwischen den Säulen jeweils eine Büste auf dem Geländer, ovaler Deckendurchbruch, wenig Menschen

2
3 Etagen

3
Bücherregale, Büsten, Seitenlampen, Bilder

4
Licht scheint durch die Seitenfenster und den Deckendurchbruch, Lampen erleuchten ebenfalls den Raum.

5
Regale mit Hunderten oder Tausenden von Büchern. Im Eingangsbereich steht ein Filmteam.

8
Die Büste vorne rechts im Bild nimmt circa ein Fünftel des Bildes ein.

Seite 72

9
Der Blick wird nach rechts unten gelenkt und somit in die Nähe.

Text 1: Herzogin Anna Amalia Bibliothek
Seite 72

1
Die Herzogin Anna Amalia Bibliothek gehört seit 1998 zum Weltkulturerbe „Ensemble Klassisches Weimar" und wurde 2007 nach der Sanierung wiedereröffnet.

Seite 73

4
Die Herzogin Anna Amalia Bibliothek gehört seit 1998 zum Weltkulturerbe „Klassisches Weimar" und wurde nach dem Großbrand 2004 saniert und 2007 wiedereröffnet. Beim Großbrand 2004 wurden mehr als 50 000 Bücher, Manuskripte, Noten sowie 36 Gemälde zerstört. Einiges konnte gerettet werden: 62 000 Bücher, 10 000 historische Landkarten, die Bibelsammlung einschließlich Martin Luthers Bibelübersetzung von 1534 und die „Faust"-Sammlung. Schwerpunktmäßig wird heute die deutsche Literatur- und Kulturgeschichte zwischen 1750 und 1850 gesammelt.

5
Wann wurde der Rokokosaal erbaut? – Wo befinden sich hauptsächlich Bücher? – Wie hoch waren die Sanierungskosten des Gebäudes nach dem Brand? – Wie hoch werden die Kosten für die Wiederbeschaffung der Bücher geschätzt?

6
Die ersten beiden Aussagen sind zutreffend.

Bild 2: Die Müllkrise
Seite 74

2
zu dem Mann in der Mitte des Bildes

3
Kappe, Hose, Jacke in Brauntönen, helles Hemd, rötliche Weste, streckt beide Arme nach vorn und wirft zwei große Plastiktüten von sich

4
Es wird der Augenblick festgehalten, als gerade die beiden Mülltüten in der Luft sind.

5
Warum liegt so viel Müll dort? Wo ist es? Streikt die Müllabfuhr? Wie lange liegt der Müll schon dort?

Text 2: Müllkrise
Seite 75

4
Mögliche Überschriften: Neapel quillt über vor Müll – Bisherige Maßnahmen helfen nicht – Müll wird in andere Länder gebracht – Protest gegen Müllentsorgung im Steinbruch – EU-Kommission verklagt Italien wegen mangelhafter Müllentsorgung

6
– Seit Mitte Dezember 2007 sammeln sich täglich etwa 9000 t Müll in den Straßen Neapels, weil die Kapazitäten der Deponien nicht ausreichen. – Armeeeinheiten sollen für einen schnelleren Müllabtransport sorgen, beschloss die Regierung Prodi im Januar 2008. – Auch die getrennte Müllentsorgung ordnete er an. – Die Verschiffung von Müll nach Sardinien und Sizilien zog dort gewalttätige Proteste nach sich. In Neapel ansässige Bürger protestierten gegen die Öffnung eines Steinbruchs als Mülldeponie. – Ein funktionierendes Abfallwirtschaftssystem wie es die EU vorschreibt, gibt es in Neapel und Umgebung nicht.

Bild 3: Der Tata Nano
Seite 76

2
Das in der Mitte stehende Auto zieht den Blick auf sich.

3
Viele um das Auto stehende Menschen schauen neugierig und freundlich.

4
Ist es bereits in Serie? Ist es ein Prototyp? Wie teuer ist es? Für wen ist es hergestellt worden?

Text 3: Automobilisierung
Seite 77
1
Mit dem Auto ist man mobil. Die Bevölkerung eines ganzen Landes kann sich durch die Automobilisierung anders fortbewegen.

4
Wer? Der Autohersteller Tata Motors – Was? Vorstellung des Kleinstwagens „Nano" erregt Aufsehen – Weshalb? Es soll nur 1500 € kosten – Wann? Serienreife noch 2008

5

für die Automobilisierung	gegen die Automobilisierung
Ein Auto für 1500 €	Anstieg des Treibhausgases
Bis 2016 bedeutender Autoproduzent der ganzen Welt	schlechtes Straßennetz
Bis 2016 soll die Autoindustrie 10 % des BIP erwirtschaften	Zurückdrängung anderer Mobilitätsformen
Fortschritt des Landes	Straßenbau und Schienenausbau konkurrieren
Nachfrage kann befriedigt werden	andere Infrastrukturmaßnahmen müssen zugunsten des Straßenbaus zurückstecken
Automarkt wird 2008 um 14 % wachsen	
Ausländische Autokonzerne investieren	
Ermäßigung der Mehrwertsteuer von Autos, besonders Kleinwagen	

Sach- und Gebrauchstexte lesen verstehen und auswerten
Nicht lineare Texte
Erweitern und vertiefen: Tabellen beschreiben und ausweiten
Tabelle 1: Datenvergleich Bundesrepublik Deutschland und Großbritannien
Seite 78
1
Informationen über Fläche, die Position auf der Weltrangliste bezogen auf die Fläche und Einwohnerzahl, Einwohnerzahl, Hauptstadt, Amtssprache, Bruttonationaleinkommen und die Währung einschließlich der Kurse umgerechnet in € und US-$.

3
Die BRD hat eine Fläche von 357 114 km² und GB 242 910 km².

4
2006 wohnten in der BRD 82 Mio. und in GB 61 Mio. Menschen.

Tabelle 2: Großstädte in Deutschland
Seite 79
5
Zum Beispiel: 1. Wie hoch ist das durchschnittliche Einkommen je Einwohner in der BRD und in GB? In der BRD verdient durchschnittlich ein Einwohner 36 810 US-$ und in GB 40 560 US-$. 2. An welcher Stelle liegen die BRD und GB weltweit bezogen auf ihre Größe? BRD an 61. und GB an 77. Stelle.

6
a) falsch, 357 114 km² BRD gegen 242 910 km² GB
b) richtig, 40 560 US-$ in GB und 36 810 US-$ in der BRD

Seite 79
1
Folgende Informationen gibt die Tabelle: Fläche in km², Einwohnerzahl 2007 und deren prozentuale Veränderung der letzten 10 Jahre sowie Einwohnerzahl je km² für 10 Großstädte der BRD.

2
Der Rang wird an der Einwohnerzahl gemessen.

Seite 80
3
a) Berlin, Hamburg, München, Köln, Frankfurt am Main, Stuttgart, Dortmund, Essen, Düsseldorf, Bremen
b) 1. Berlin, 2. Hamburg, 3. München, 4. Köln, 5. Frankfurt am Main

Tabelle 3: Fläche und Bevölkerung der Bundesrepublik Deutschland
Seite 80
2
a) km² – Prozent – 2007 – insgesamt – km² – Prozent – 31.12.2007
b) In der Spalte Ausländer erfahren wir die konkrete Zahl und in der nächsten Spalte den prozentualen Ausländeranteil gemessen an der Gesamtbevölkerungszahl in dem entsprechenden Bundesland auf dem Stand vom 31.12.2007.

Seite 81
3
a) Bayern, Niedersachsen, Baden-Württemberg, Nordrhein-Westfalen, Brandenburg, Mecklenburg-Vorpommern, Hessen, Sachsen-Anhalt, Rheinland-Pfalz, Sachsen, Thüringen, Schleswig-Holstein, Saarland, Berlin, Hamburg, Bremen
b) Nordrhein-Westfalen, Bayern, Baden-Württemberg

4
ja, insgesamt Spalte letzte Zeile – falsch/Berlin 12,6 % und Bremen 12,2 % – ja, rund 35 000 und Deutschland 357 000 km² – falsch, Thüringen 142, Brandenburg 86, Sachsen-Anhalt 118 und Bayern 177 Einwohner je km² – ja, siehe letzte Spalte/letzte Zeile

Sach- und Gebrauchstexte lesen verstehen und auswerten
Nicht lineare Texte
Erweitern und vertiefen: Diagramme und Tabellen in Säulendiagramme umwandeln
Tabelle 4: Die zehn größten Staaten der Welt
Seite 82
1
Indien – gleich groß – am größten – gleich groß – die Russische Föderation – 7 692 030 km² – 6. – Indien – 3 287 263 km²

2

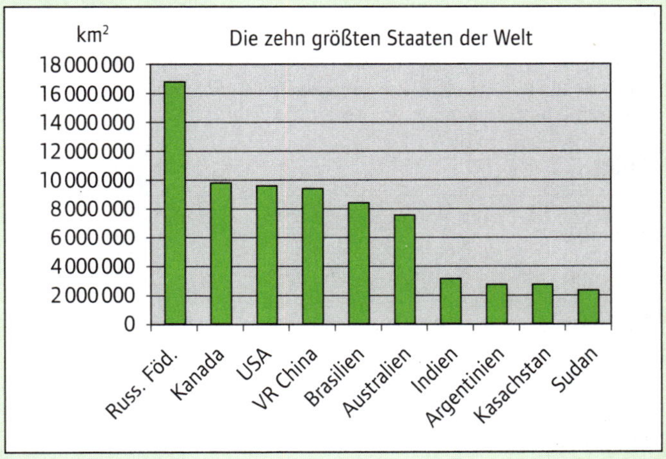

3
- Das Säulendiagramm gibt mir einen Eindruck über die Verhältnismäßigkeit zwischen den unterschiedlichen Größen.
- Das Säulendiagramm ist die richtige Wahl der Darstellung, wenn man schnell und ohne viel zu lesen einen Überblick über die Verhältnismäßigkeit erlangen soll.

Seite 83

5

... es um die Verhältnismäßigkeit einzelnen Aussagen geht.
... genaue Angaben wichtig sind.

Säulendiagramme verstehen und in Tabellen umwandeln

Seite 83

1

Die Einfuhr und Ausfuhr wichtiger Außenhandelsgüter im Jahr 2008 für die Branchen: Kraftfahrzeuge, elektrische und elektronische Maschinen und Geräte, chemische Erzeugnisse, Erdöl und Erdgas, Nahrungs- und Genussmittel und Getränke, Metalle und Metallerzeugnisse.

2

Export, Import

3

Kraftfahrzeuge, elektrische und elektronische Maschinen und Geräte, chemische Erzeugnisse, Metalle und Metallerzeugnisse

4

Nahrungs-/Genussmittel und Getränke

5

Güter	Exportüberschuss in Mrd. €	Importüberschuss in Mrd. €
Metalle/Metallerzeugnisse	11,891	
Kraftfahrzeuge	104,484	
Chemische Erzeugnisse	37,084	
El. Maschinen u. Geräte	22,001	
Erdöl, Erdgas		58,222
Nahrungs-/Genussmittel	0,07	

Seite 84

6

Im Jahr 2007 sind für 174 100 000 000 € Kraftfahrzeuge in Deutschland exportiert worden.

7

Die wichtigsten Außenhandelsgüter 2007 in Deutschland in Mrd. €

Güter	Export	Import	Exportüberschuss	Importüberschuss
Kraftfahrzeuge	180, 850	76, 366	104, 484	
Elektrische und elektronische Maschinen und Geräte	150,051	128,050	22,001	
Chemische Erzeugnisse	127, 577	90, 493	37,084	
Erdöl und Erdgas	2, 847	61, 069		58,222
Nahrungs- und Genussmittel und Getränke	34,957	34, 887	0,07	
Metalle und Metallerzeugnisse	94, 483	82, 592	11,891	

8

Die Tabelle gibt genaue Zahlen über den Import- bzw. Exportüberschuss.

9

Zum Beispiel: Wer genau produziert diese Güter? Aus welchen Ländern wird importiert? Welche Produkte stecken hinter Begriffen wie Metalle und Metallerzeugnisse? In welchen Regionen Deutschland werden diese Produkte hergestellt? Woher kommen die Rohstoffe für diese Güter?

Umfangreiches Balkendiagramm

Seite 84

1

Zahl der Arbeitsplätze im Bereich der erneuerbaren Energien von 2004 bis 2008 in Deutschland

2

Arbeitsplätze im Bereich der erneuerbaren Energien von 2004 bis 2007 in Deutschland

Seite 85

3

a) In allen Bereichen der erneuerbaren Energie steigen die Arbeitsplätze bis auf den Bereich Wasserkraft. / b) Besonders deutlich steigt die Zahl zwischen 2004 und 2006.

4

Zum Beispiel: – Welche Technik bietet die meisten Arbeitsplätze? Biomasse mit 96 100 Arbeitsplätzen im Jahr 2007. – Welche drei Bereiche bieten die meisten Arbeitsplätze? Biomasse, Windenergie und Solarenergie.

Kreisdiagramm lesen, verstehen und in eine Tabelle umwandeln

Seite 85

1

Der prozentuale Anteil der Rohöllieferanten 2007 in Deutschland

2

Europa (ohne Russland)	%	Asien	%	Nordafrika	%	**Naher Osten**	%	**Südamerika**	%
Norwegen Großbritannien	15,7 12,7	Russland Kasachstan Aserbaidschan	31,7 7,5 2,7	Libyen Algerien	10,2 2,3	Syrien Saudi-Arabien	2,9 2,2	Venezuela	2,1
Summe	28,4	Asien	41,9	Afrika	12,5	**Naher Osten**	**5,1**	**Südamerika**	**2,1**

Kurvendiagramm lesen und verstehen – Diagrammformen vergleichen

Seite 86

1

Mitgliederentwicklung der Parteien Deutschlands von 1990 bis 2008

2

SPD = Sozialdemokratische Partei Deutschlands, CDU = Christlich Demokratische Union Deutschlands, CSU = Christlich-Soziale Union in Bayern e.V., FDP = Freie Demokratische Partei

3

ständig abnehmende Mitgliederzahlen bei SPD und CDU. Relativ konstante Werte bei den restlichen Parteien

Sach- und Gebrauchstexte lesen, verstehen und auswerten

Lineare Sachtexte

Texte verstehen – ein Précis schreiben

Text 1: Drehwurm im Wohnturm

Seite 87

1

Dubai – grünes Kraftwerk – 70 Etagen, weiteres soll in Moskau stehen

2

Wer? Architekt David Fisher – Was? Dynamic Tower, Wolkenkratzer und grünes Kraftwerk – Wo? Dubai – Wann? Ist im Entstehen – Warum? Luxus; zum Beispiel: Drehung komplett in einer Stunde, wenn erwünscht

5
In Dubai entsteht derzeit der erste Wolkenkratzer, bei dem sich alle Etagen einzeln drehen können. Durch Windkraftturbinen und Fotovoltaikanlagen produziert er seinen Strom selbst. 200 Apartments stehen in 70 Etagen für mehr als 1 100 Interessenten bereit. Sie zahlen zwischen 2,4 und 24 Milllionen Euro. Einen zweiten Tower plant der Architekt David Fisher in Moskau.

Sach- und Gebrauchstexte lesen, verstehen und auswerten
Lineare Sachtexte
Inhaltsangabe schreiben
Text 2: Griechenland – Die neue Schlacht von Marathon

Seite 88

1
In der Umgebung von Athen soll im Meer ein Windpark entstehen. Der Widerstand dagegen wächst.

Seite 89

4
Wer? Gerd Höhler – Wo? Frankfurter Rundschau Online – Wann? 29.5.2009 – Wie? Griechenland – Die neue Schlacht von Marathon

7
Der Artikel „Griechenland – Die neue Schlacht von Marathon" von Gerd Höhler behandelt am 29.5.2009 in der Frankfurter Rundschau Online den wachsenden Protest gegen den Bau eines Offshore-Windparks in der Bucht von Marathon.

Sach- und Gebrauchstexte lesen, verstehen und auswerten
Lineare Sachtexte
Texte zusammenfassen – Inhaltsangabe schreiben
Text 3: Was exzessive SMS-Nutzung im Gehirn anrichtet

Seite 90

1
Die Forschung beschäftigt sich mit dem SMS-Verhalten von Jugendlichen.

Seite 91

2
Zum Beispiel: exzessiv = übermäßig, fatal = verhängnisvoll, kognitiv = auf Erkenntnis beruhend

Seite 92

5
In dem Zeitungsbericht der Welt online vom 27.5.2009 geht Wolfgang W. Merkel der Frage nach, was exzessive SMS-Nutzung im Gehirn anrichtet. Amerikanische Forscher beschäftigen sich schon seit längerem mit dieser Frage. Der Marketingkonzern Nielsen stellt fest, dass Jugendliche durchschnittlich 75 SMS am Tag empfangen. Das Simsen befriedigt soziale Bedürfnisse nach Kontakt und Bestätigung. Schon das Signal der ankommenden SMS kann Glückshormone ausschütten. Mediziner sehen Schlafstörungen, orthopädische Störungen, Angst- und Aufmerksamkeitsstörungen und Schulprobleme im Zusammenhang mit intensiven Simsen. Da man keinen klaren Gedanken zu Ende führen könne, ohne dass das Handy sich melde, blieben Konzentrations- und Lernstörungen nicht aus, so die Sozialwissenschaftlerin Turkle. Auf Umfrage des Allensbacher Instituts ziehen 36 % der 14- bis 19-Jährigen eine E-Mail oder SMS dem persönlichen Gespräch vor - ein Trend, der sich möglicherweise fortsetzt.

Sach- und Gebrauchstexte lesen, verstehen und auswerten
Lineare Sachtexte
Vom Lesen zur Stellungnahme
Text 1: Billige Shrimps – teuer bezahlt

Seite 92

1
Zum Beispiel: Shrimps gebraten – Shrimps-Cocktail – teuer – gehobene Kost

2
Zum Beispiel: Billig aufgezogene Shrimps werden teuer verkauft. Shrimps, die keine sind, werden als Shrimps teuer verkauft.

Seite 93

3
Mangroven = immergrüner Laubbaum in flachen Küstengewässern tropischer Gebiete
Aquakultur = im Wasser angelegte Aufzucht von Shrimps

5

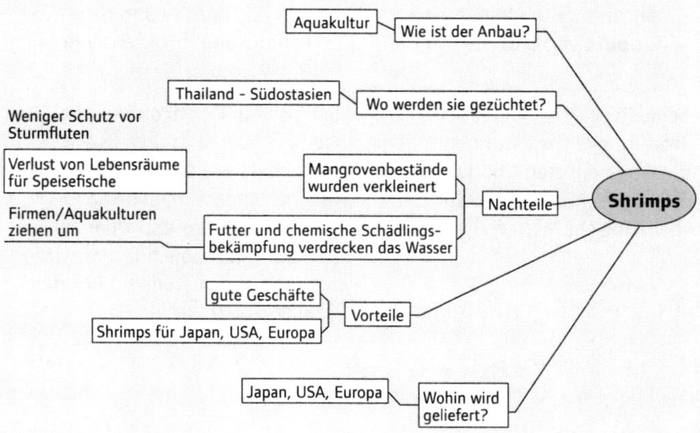

6

Vorteile	Nachteile
– gutes Geschäft	– Mangrovenwälder werden vernichtet
– Versorgung mit Shrimps in Europa, Japan, USA	– dadurch fällt der Lebensraum wichtiger Speisefische weg
– maximaler Ertrag durch zu viel Futter und chemische Schädlingsbekämpfung	– dadurch sind Menschen stärker vom Sturm bedroht oder müssen neue Schutzmaßnahmen ergreifen
	– Verschmutzung des Wassers durch zu viel Futter u. chemische Schädlingsbekämpfung
	– der Mensch greift in das ökologische Gleichgewicht ein

Seite 94

7
Für die Besitzer der Aquakultur und für die Konsumenten sind die Shrimps billig. – Die Anlieger und die Natur bezahlen dafür teuer. – Sie sind teuer bezahlt, weil der ökologische Schaden und dessen Folgen für die Küstenanwohner groß ist.

9

Schreibplan 1: pro Shrimpszucht	Schreibplan 2: kontra Shrimpszucht
Überschrift: Ein weltweit geschätztes Produkt: thailändische Shrimps	Überschrift: Shrimpszucht hinterlässt ökologische Probleme in Thailand
Einleitung: Aktualität der Frage – Shrimps aus Südostasien	Einleitung: Aktualität der Frage – Shrimps aus Südostasien
Hauptteil: Vorteile der Shrimpszucht – gutes Geschäft für Thailand, denn 2006 wurden 1,5 Mrd. € erwirtschaftet, was der thailändischen Wirtschaft zugute kommt und somit der gesamten Bevölkerung – durch die moderne Aufzucht mit Futter und chemischen	Hauptteil: Nachteile der Shrimpszucht – Vernichtung der Mangrovenwälder führt zu Einschneidungen in das Leben der Menschen Tiere und Pflanzen – der Schutz der Mangrovenwälder vor Sturmfluten fällt weg, sodass die Küstenbewohner neue Maßnahmen

Schädlingsbekämpfungsmitteln kann ein maximaler Ertrag an Shrimps erzielt werden – mit dem maximalen Ertrag können Shrimps aus Thailand nach Europa, Japan und in die USA geliefert werden, wichtige Industriestaaten werden mit diesem thailändischen Produkt versorgt	suchen und ergreifen müssen – mit dem Wegfall der Mangrovenwälder verlieren wertvolle Speisefische ihren Lebensraum – die Aquakulturen verschmutzen mit dem Überangebot an Futter und den chemischen Schädlingsbekämpfungsmitteln das Wasser und damit den Lebensraum für Menschen, Pflanzen und Tiere
Schlussteil: Trotz Umweltbelastungen durch die Aquakulturen überwiegen die ökonomischen Vorteile für die thailändische Wirtschaft.	Schlussteil: Der ökonomische Gewinn für die thailändische Wirtschaft wiegt nicht den ökologischen Schaden für Menschen, Tiere und Pflanzen auf, der letztendlich teurer wird als der Gewinn Thailand bringen könnte.

Text 2: Frauen-Fahrverbot bröckelt
Seite 94

1
Frauen ist es in Saudi-Arabien verboten, zu fahren, obwohl es kein schriftliches Gesetz verbietet.

Seite 95

2
Kommission = Ausschuss, Pragmatik = Orientierung an das Nützliche, Ideologie = Weltanschauung

Seite 96

4
Wer? Religionspolizei auf Grundlage sogenannter Fatwas, Erlasse ranghoher Geistlicher – Wo? In Saudi-Arabien, abgesehen von entlegenen Wüstengegenden – Warum? Autofahrende Frauen könnten zur Sünde verführen, sie könnten das Haus allein verlassen und mit fremden Männern – wie Verkehrspolizisten und Mechanikern – kommunizieren.
Zum Beispiel: Besitzen saudische Frauen Führerscheine? Ja, zum Beispiel aus Ländern, in denen sie studiert oder gelebt haben. – Wie kommen Frauen zum Arzt, zur Arbeit oder zum Einkaufen? Mit dem Chauffeur oder einem männlichen Verwandten.

5
Pro Fahrverbot für Frauen: Autofahren kann zur Sünde verführen – Verhinderung von Laster – Frauen können allein das Haus verlassen – Frauen können mit fremden Männern kommunizieren, wie z. B. Verkehrspolizisten oder Mechanikern
Kontra Fahrverbot für Frauen: ärmere Frauen sind auf einen Mann in der Familie angewiesen, um mobil zu sein – viele saudische Frauen besitzen Führerscheine – Frauen können Traktoren und Bewässerungsfahrzeuge in der Landwirtschaft fahren

7
Zum Beispiel: **Überschrift**: Frauen am Steuer stören den Religionsfrieden; **Einleitung**: Aktuelle Diskussion – Bilder auf YouTube mit einer fahrenden Frau in Saudi-Arabien; **Hauptteil**:
- Frauen dürfen nur mit Verwandten oder Chauffeur mit dem Auto fahren
- Erfahrungen saudischer Frauen im Ausland und in entlegenen Wüstengegenden: Autofahren ist möglich und notwendig
- freie Entfaltung der Persönlichkeit = freie Beweglichkeit, Selbstständigkeit
- Autofahrende Frauen können ein Stück auf dem Weg zur Gleichberechtigung von Mann und Frau darstellen

Schlussteil: Einerseits: Grundrecht auf freie Entfaltung der Persönlichkeit. Andererseits: Saudische Männer werden erfahren, dass sie stolz auf ihre selbstbewussten, lebenstüchtigen Frauen sein können.

Gesamtübung II
Teil 1: Nichtlineare Texte
Tabelle 1: Gesundheitsrelevantes Verhalten
Seite 98

1
Gesundheitsrelevantes Verhalten (1 P.), das heißt: Frauen und Männer ab dem 18. Lebensjahr mit der durchschnittlichen Körpergröße (1 P.); Gesamtzahl der Frauen und Männer in Deutschland (1 P.), Anteil der Auskunftsgebenden (1 P.)

2
Frauen: 35 107, Männer: 32 905

3
Frauen: 75,9 % Männer: 78,6 %

4
- Je älter die Frauen sind, desto kleiner sind sie. Je älter die Männer sind, desto kleiner sind sie.
- 18 bis 20 Jahren 14 cm
- 25 bis 30 und 45 bis 60 Jahren 12 cm
- 60 bis 75 und mehr Jahren 11 cm

5
Durchschnittlich sind die Männer 2 cm und Frauen 1 cm größer in den Altersgruppen der 18- bis 20-Jährigen verglichen mit den 40- bis 45-Jährigen, d. h. das Wachstum der Männer nimmt stärker zu als das Wachstum der Frauen.

6
Bei der Gruppe 75 Jahre und mehr besteht ein Größenunterschied zwischen Männern und Frauen von 11 cm, d. h. Männer sind in dieser Altersgruppe durchschnittlich 11 cm größer als Frauen. Bei den 18- bis 20-Jährigen sind Männer durchschnittlich 14 cm größer als Frauen.

Tabelle 2: Gesundheitsrelevantes Verhalten
Seite 98

7
Es wird nicht zwischen Männern und Frauen unterschieden.

8
Von der Bevölkerung der Bundesrepublik Deutschland (68 012 000 im Jahr 2005) gaben 77,2 % ihre Körpergröße an, sodass die durchschnittliche Größe mit 1,71 m errechnet werden konnte.

Seite 99

9, 10, 11

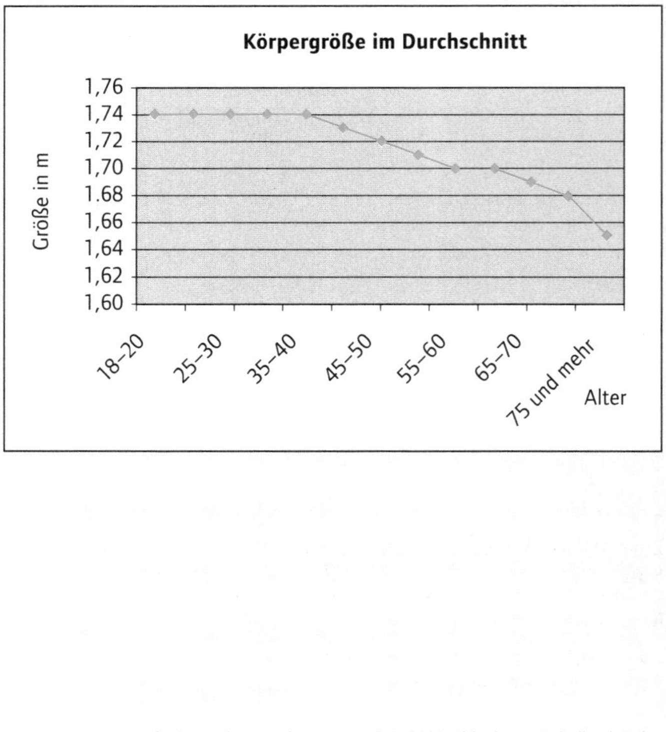

Seite 100

12

Seit 40 Jahren bleibt die Größe der Menschen in der Bundesrepublik Deutschland konstant. Die Menschen im Alter von 18 bis 40 Jahren sind durchschnittlich 1,74 m groß. Diese Größe bleibt über 22 Jahre konstant. Mit zunehmenden Alter verringert sich die Körpergröße; während die 55- bis 65-Jährigen noch 1,70 m groß sind, bemisst die Größe der 75-Jährigen und älteren nur 1,65 m durchschnittlich. In der Tendenz wurden die zwischen 1930 und 1960 geborenen Menschen immer größer.

Teil 2: Einen Sachtext verstehen und zusammenfassen

Seite 100

1

Zum Beispiel: Längenwachstum des Menschen, Genetik, Angaben über Entwicklungen

Seite 101/102

3

Frage	Antwort
Wie veränderte sich die Größe der Menschen seit dem 18. Jahrhundert in den westlichen Industrienationen?	Die Menschen sind beständig größer geworden.
Wie viele Zentimeter sind die Menschen hier in den letzten 100 Jahren größer geworden?	Ungefähr 14 cm sind die Menschen hierzulande in den letzten 100 Jahren größer geworden.
Welche Gründe gibt Prof. Greil für das beschleunigte Größenwachstum an?	Prof. Greil gibt umweltabhängige Gründe für das Längenwachstum an: richtige Ernährung, gute Hygiene und die Genetik als Grundlage.
Welche Begründungen unter den zahlreichen nennt der Anthropologe Jürgens?	Unter den zahlreichen Begründungen werden Ernährung, Licht, Einfluss von Schallwellen und der mysteriöse Heterosis-Effekt genannt.
Was versteht man unter einem Urbanisationstrauma in diesem Zusammenhang?	Durch die Verstädterung komme es zur Reizüberflutung und erhöhter Gehirnaktivität und beschleunigter Reifung, die zu Wachstum führe.
Welche Einigkeit besteht unter den Forschern?	Das Wachstum der Menschen hat irgendwann ein Ende.
Gibt es schon Beispiele für einen Wachstumsstopp?	In USA, Japan und Norwegen gibt es keinen positiven Wachstumstrend mehr.
Warum stoppt das Wachstum?	Irgendwann gibt es Kreislaufprobleme, Stabilitätsprobleme mit dem Knochengerüst, die Versorgung des Körpers mit Sauerstoff wird schwierig.

4

Entwicklungen seit dem 18., 19. und 20. Jahrhundert – In den westlichen Industrienationen sind Menschen seit dem 18. Jahrhundert beständig größer geworden. Hierzulande legten Menschen in den vergangenen 100 Jahren ungefähr 14 Zentimeter an Größe zu.
Das Verhältnis zwischen Nord und Süd – Die Menschen im Norden Europas sind länger als im Süden. Gleiches gilt auch innerhalb Deutschlands.
Längenwachstum und Generationenfolge – Kinder werden größer als ihre Eltern, dieses nennt man säkularen Trend.
Gründe aus Sicht der Humanbiologin Prof. Greil – Es handelt sich um umweltabhängige Entwicklungen: die richtige Ernährung und gute hygienische Bedingungen. Die Basis dafür stellt die Genetik.
Vielfältige und zahlreiche Theorien zum Längenwachstum – Licht, Einfluss von Schallwellen, sogenannter Heterosis-Effekt, Urbanisationstrauma.
Einigkeit in Fachkreisen – Das Wachstum hat irgendwann ein Ende.
Grenzen des Wachstums – In Japan, Norwegen und USA sind diese Grenzen erreicht; die Menschen werden nicht mehr größer.

Teil 3: Informationen aus der Tabelle und aus dem Text miteinander verknüpfen

Seite 103

1

Seit dem 18. Jahrhundert werden Menschen in den Industrieländern kontinuierlich größer. Im letzten Jahrhundert sind hierzulande Menschen um ca. 14 Zentimeter größer geworden.

2

Die 75-jährigen und älteren Männer messen durchschnittlich 1,72 m, dagegen die 18- bis 20-Jährigen 1,81 m, d. h. sie sind durchschnittlich 9 cm größer in einem Zeitraum von 55 Jahren. Die 75-jährigen und älteren Frauen waren durchschnittlich 1,61 m groß und die 18- bis 20-Jährigen 1,67 m, d. h. die Frauen sind in 55 Jahren durchschnittlich um 6 Zentimeter größer geworden.

3

Richtige Ernährung und gute Hygiene sind zwei Gründe für den Größenzuwachs. Grundlage bietet dafür die genetische Vorgabe.

4

Die Kinder werden größer als ihre Eltern.

5

Männer: 4 cm, 2 cm – Frauen 4 cm, 3 cm

6

In Nordwesteuropa und bei der europäischen Bevölkerung in USA ist das Ende des Wachstums erreicht.

7

Seit 22 Jahren bleibt die durchschnittliche Größe der deutschen Bevölkerung konstant bei 1,74 m.

Textquellenverzeichnis

S. 7: Chris Johns: „editor's Note. Die Reise meiner Familie ...". In: National Geographic Deutschland von Oktober 2007, S. 46, Copyright © 1999-2009 NATIONAL GEOGRAPHIC. all rights reserved

S. 8/9: Joel K.Bourne, JR. und Jürgen Nakott: „Grüne Träume. Biosprit könnte gut sein für die Welt – aber nicht um jeden Preis". In: National Geographic Deutschland von Oktober 2007, S. 99 f., Copyright © 1999-2009 NATIONAL GEOGRAPHIC. all rights reserved

S. 10: Wichtige Binnenhäfen in Deutschland. In: Der Der Fischer Weltalmanach 2007, © Fischer Taschenbuch Verlag in der S. Fischer Verlag GmbH, Frankfurt am Main 2006, S. 700

S. 11/12: Reiner Kunze: Clown, Maurer oder Dichter. Aus: Reiner Kunze: Die wunderbaren Jahre. © S. Fischer Verlag GmbH, Frankfurt am Main 1975

S. 16: Heinrich Heine: Das Fräulein stand am Meere. In: Sämtliche Schriften. Klaus Briegleb (Hrsg.). Bd. 4. München: Hanser Verlag 1976, S. 327

S. 18: Marcel Reich-Ranicki (Zitat). In: Deutschland online. 21.7.2008. Literatur. Zwischen Loreley und Liberté. www.magazine-deutschland.de/magazin/DE-Heine_2-06.php

S. 19: Heiner Müller: Ich kann dir die Welt nicht zu Füßen legen. In: Heiner Müller: Werke I: Die Gedichte. Hrsg. Von Frank Hörnigk. Frankfurt am Main: Suhrkamp 1998, S. 192 © Suhrkamp Verlag, Frankfurt am Main 1998

S. 20: Erich Fried: Was es ist. In: Erich Fried. Es ist was es ist. Liebesgedichte, Angstgedichte, Zorngedichte. © Verlag Klaus Wagenbach, Berlin 1983, S. 24

S. 24: Isabell Allende: Die Stadt der wilden Götter (Auszug). Übersetzt von Svenja Becker. Frankfurt a. M.: Suhrkamp 2004, S. 7 © Suhrkamp Verlag, Frankfurt am Main 2002

S. 24: Rose Ausländer: Noch bist du da. In: Rose Ausländer: Ich höre das Herz des Oleanders. Gedichte 1977–1979. © S. Fischer Verlag GmbH, Frankfurt am Main 1984

S. 25: Max Frisch: Andorra. Stück in zwölf Bildern (Auszug). Frankfurt a. M.: Suhrkamp 1975, S. 7 © Suhrkamp Verlag, Frankfurt am Main 1975

S. 26: Wolfgang Borchert: Die Küchenuhr. Aus: Wolfgang Borchert, Das Gesamtwerk. Herausgegeben von Michael Töteberg unter Mitarbeit von Irmgard Schindler. Reinbek bei Hamburg: Rowohlt 1949, S. 201–204 © 2007 by Rowohlt Verlag GmbH, Reinbek bei Hamburg

S. 27/28: Sten Nadolny: Die Entdeckung der Langsamkeit. © 1983 Piper Verlag GmbH, München, S. 21–22 und S. 44–46

S. 30/31: Uschi Flacke: Hannah und der Schwarzkünstler Faust. Hamburg: Carlsen 2006, S. 10–12 © Verlag Carl Ueberreuter, Wien

S. 32–34: Günther Weisenborn: Zwei Männer. In: Wolfgang Weyrauch (Hrsg.). 1000 Gramm. Sammlung neuer deutscher Geschichten. Hamburg: Rowohlt 1949, S. 21–25 © Liepman AG, Zürich

S. 35/36: Henning Mankell: Der Chronist der Winde. Aus dem Schwedischen von Verena Reichel. © Paul Zsolnay Verlag, Wien 2000

S. 38/39/41/42: Daniel Kehlmann: Die Vermessung der Welt. Reinbek bei Hamburg: rowohlt. 2006 (30. Auflage), S. 7 ff. © 2005 by Rowohlt Verlag GmbH, Reinbek bei Hamburg

S. 43/44/45/46: Gerhart Hauptmann: Bahnwärter Thiel. Stuttgart: Reclam 1970, S. 3 ff. © Anja Hauptmann, Berlin

S. 47/48: Theodor Fontane: Der Stechlin, Stuttgart: Reclam 1986, S. 5 f.

S. 49: Ephraim Kishon: Verschlüsselt. In: Ephraim Kishon. Nicht so laut vor Jericho. Übersetzt von Friedrich Torberg. © 1970 by LangenMüller in der F.A. Herbig Verlagsbuchhandlung GmbH, München

S. 50/51: Imre Kertész: Roman eines Schicksallosen. Deutsche Übersetzung von Christina Viragh. Reinbek bei Hamburg: Rowohlt Verlag 1996, S. 7 ff. © 1996 by Rowohlt Berlin Verlag GmbH, Berlin

S. 52/53: Martin Suter: Ein perfekter Freund. Copyright © 2003 Diogenes Verlag AG, Zürich, S. 5 f.

S. 54: Heinrich Böll: Mein Onkel Fred. In: Heinrich Böll. Nicht nur zur Weihnachtszeit. Satiren. © 1961 by Verlag Kiepenheuer & Witsch, Köln

S. 56: Theodor Fontane: Effi Briest. Stuttgart: Klett Verlag 1989, S. 28 f.

S. 58: Daniel Kehlmann: Osten. In: Daniel Kehlmann. Ruhm. Ein Roman in neun Geschichten. Reinbek bei Hamburg: Rowohlt Verlag 2009, S. 95–97 © 2009 by Rowohlt Verlag GmbH, Reinbek bei Hamburg

S. 60/61/62: Ekkehart Rudolph: Stasi-Besuch in Halle. In: Klaus Keßler (Hrsg.), Kleine Geschichten aus der DDR. Stuttgart: Engelhorn Verlag 1990, S. 90 ff. (Text gekürzt)

S. 64: Eduard Mörike: Das verlassene Mägdlein. In: Werke. Gerhart Baumann (Hrsg.). Band 1. Stuttgart: J.G. Cotta'sche Buchhandlung 1954, S. 68

S. 65: Heinrich Heine: Im wunderschönen Monat Mai. In: Karl Otto Conrady (Hrsg.), Das Buch der Gedichte. Berlin: Cornelsen Verlag 1987, S. 267

S. 66: Rose Ausländer: Buchenblatt. In: Rose Ausländer. Wieder ein Tag aus Glut und Wind. Gedichte 1980–1982. © S. Fischer Verlag GmbH, Frankfurt am Main, 1986, S. 34

S. 68: Gert Hoffmann: Die kleine Stechardin. Roman © Carl Hanser Verlag, München 1994

S. 72: Herzogin Anna Amalia Bibliothek, In: Der Der Fischer Weltalmanach 2009 © Fischer Taschenbuch Verlag in der S. Fischer Verlag GmbH, Frankfurt am Main 2008, S. 751

S. 74/75: Müllkrise. In: Der Der Fischer Weltalmanach 2009 © Fischer Taschenbuch Verlag in der S. Fischer Verlag GmbH, Frankfurt am Main 2008, S. 253

S. 76/77: Automobilisierung. Der Tata Nano. In: Der Der Fischer Weltalmanach 2009 © Fischer Taschenbuch Verlag in der S. Fischer Verlag GmbH, Frankfurt am Main 2008, S. 220

S. 78: Daten zu Deutschland und Großbritannien. In: Der Fischer Weltalmanach 2009, Frankfurt am Main: Fischer TB-Verlag 2008, S. 115 und S. 196

S. 79: Großstädte in Deutschland. In: Der Fischer Weltalmanach 2009 © Fischer Taschenbuch Verlag in der S. Fischer Verlag GmbH, Frankfurt am Main 2008, 116 f.

S. 80: Fläche und Bevölkerung. In: Der Fischer Weltalmanach 2009 © Fischer Taschenbuch Verlag in der S. Fischer Verlag GmbH, Frankfurt am Main 2008, S. 122

S. 81: Staaten nach Größe. In: Der Fischer Weltalmanach 2009 © Fischer Taschenbuch Verlag in der S. Fischer Verlag GmbH, Frankfurt am Main 2008, S. 522 f.

S. 83: Die wichtigsten Außenhandelsgüter 2007 – Deutschland. In: Der Fischer Weltalmanach 2009. Frankfurt am Main © Fischer Taschenbuch Verlag in der S. Fischer Verlag GmbH, Frankfurt am Main 2008, S. 115

S. 84: Erneuerbare Energien. Beschäftigte in Deutschland 2004–2007. In: Der Fischer Weltalmanach 2009 © Fischer Taschenbuch Verlag in der S. Fischer Verlag GmbH, Frankfurt am Main 2008, S. 719

S. 85: Rohöllieferanten 2007 Deutschland. In: Der Fischer Weltalmanach 2009 © Fischer Taschenbuch Verlag in der S. Fischer Verlag GmbH, Frankfurt am Main 2008, S. 686

S. 86: Mitgliederentwicklung der Parteien Deutschland. In: Der Fischer Weltalmanach 2009. Frankfurt am Main © Fischer Taschenbuch Verlag in der S. Fischer Verlag GmbH, Frankfurt am Main 2008, S. 138

S. 87: Drehwurm im Wohnturm. In: National Geographic. Februar 2009, S. 16 (kein Verfasser) Copyright © 1999-2009 NATIONAL GEOGRAPHIC. all rights reserved

S. 88/89: Gerd Höhler: Griechenland – Die neue Schlacht von Marathon. FR-online.de 2009. Erscheinungsdatum 29.05.2009

S. 90/91: Wolfgang W. Merkel: Was exzessive SMS-Nutzung im Gehirn anrichtet. Vom 27. Mai 2009. Welt online 2.6.2009

S. 93: Billige Shrimps – teuer bezahlt. In: National Geographic, April 2008, S. 40 © 1999-2009 NATIONAL GEOGRAPHIC. all rights reserved

S. 95: Frauen-Fahrverbot bröckelt. AP. Focus online Panorama.16.9.08

S. 97, 99: Tabelle 1+2: Gesundheitsrelevantes Verhalten, Statistisches Bundesamt, 2005

S. 100/101: Judith Abeler: Grenzen des Wachstums (Text gekürzt). Welt Online vom 3.3.2007